edition kerpen

Bibliografische Information der Deutschen Nationalbibliothek

Die Deutsche Nationalbibliothek verzeichnet diese Publikation in der Deutschen Nationalbibliografie; detaillierte bibliografische Daten sind im Internet über http://dnb.dnb.de abrufbar.

2. völlig überarbeitete und erweiterte Auflage

Gesamtherstellung: BOD Norderstedt

ISBN 978-3-928817-41-7

Armin König

Der Weg zur Umweltinformationsfreiheit im Saarland

Saarländisches Umweltinformationsgesetz (SUIG)

Umweltinformationsgesetz (UIG)

RL 2003/4/EG

edition kerpen

Meiner Familie

Inhalt

Armin König

Der lange Weg zur Umweltinformationsfreiheit

Am 17. Dezember 2004, hat der Deutsche Bundestag die Novellierung des Umweltinformationsgesetzes (UIG) beschlossen. Im Bundesgesetzblatt wurde es am 28. Dezember 2004 veröffentlicht, einen Tag später trat es in Kraft. Erst kurz vor Ablauf der völkerrechtlichen Frist wurde damit die Richtlinie 2003/4/EG in nationales Recht umgesetzt, nachdem die Bundesrepublik Deutschland zuvor schon durch Entscheidungen des EuGH gezwungen worden war, sich europarechtskonform zu verhalten. Das erste Umweltinformationsgesetz (alte Fassung) vom 1994 erfüllte die Anforderungen der damaligen Informationsrichtlinie 90/313/EWG nur pro forma. Vor allem die Bundesländer hatten sich massiv gegen die europarechtlichen Zumutungen gewährt, das Amtsverschwiegenheit und Dienstgeheimnis, die zwei Jahrhunderte die deutsche Bürokratie geprägt hatten, zugunsten einer Politik der gläsernen Akten und Vorgänge aufzugeben. Darüber hinaus hatten Unternehmen und Verbände massiv antichambriert, um zu verhindern, dass die zuweilen diskreten Lobby-Verbindungen zwischen Administration und Wirtschaft transparent gemacht würde.

Doch die Ausnahmetatbestände, die der Deutsche Bundestag ins UIG schrieb, waren letztlich nicht haltbar. Sie wurden vom EuGH weitestgehend hinweggefegt.

Mit der Aarhus-Konvention 1998 war dem Grunde nach das deutsche Verwaltungsprinzip der Arkangeheimnisse nicht mehr zu halten. Das völkerrechtlich verbindliche Abkommen von Aarhus war ein Meilenstein für die Informationsfreiheit in Europa und hat Geschichte geschrieben. Die Aarhus-Konvention kann heute als «Magna Carta der Informationsfreiheit in Europa» bezeichnet werden. Sie hat den Bürgerinnen und Bürgern europaweit zumindest im Umweltbereich Rechte zugestanden, die für eine aktive Demokratie konstitutiv sind. Das ist keine neue Erkenntnis. Jürgen Habermas hat sie in «Strukturwandel der Öffentlichkeit» schon 1962 beschrieben.

«Die bürgerliche Öffentlichkeit steht und fällt mit dem Prinzip des allgemeinen Zugangs. Eine Öffentlichkeit, von der angebbare Gruppen eo ipso ausgeschlossen wären, ist nicht etwa nur unvollständig, sie ist vielmehr gar keine Öffentlichkeit.» (Habermas 1990: 156)

Dies hat mit Macht zu tun - zunächst mit Fürstenmacht, später mit der Macht von Politikern, Despoten, Bürokratien: «öffentliche Meinung ist der Willkür schlechthin entgegengesetzt», schreibt Habermas (1990: 152). Wenn diese Öffentlichkeit aber mit dem Zugang zu Informationen steht und fällt, dann ist es wesentlich, diesen Zugang auch dort zu gewährleisten, wo bisher mit Abschottung und Herrschaftswissen bürokratische Machtbiotope konserviert wurden. Wurde das Verwaltungshandeln bisher dem kritischen Blick des Publikums dadurch entzogen, dass sich die Verwaltung ein Wissens- und Entscheidungsmonopol sicherte, löste die Aarhus-Konvention dieses Monopol zugunsten der Öffentlichkeit auf.

Die Bürokratie wehrte sich Ende der 1980er, Anfang der 90er Jahre massiv gegen die europäischen Bestrebungen eines ungehinderten Zugangs zu Umweltinformationen. Vorgeschoben und u.a. vom damaligen Bundesumweltminister Klaus Töpfer in der 1. Lesung des UIG auch vorgetragen wurden Befürchtungen, dass die Effektivität des Behördenhandelns leiden könne und dass mehr Transparenz zu mehr Kosten führe. Informationswissenschaftler und Datenschützer wie Weichert sahen dafür andere (Hinter)Gründe:

«Der Widerstand kommt ganz allein von den Bürokraten aus den Ministerien, die sich nicht vorstellen können, dass das, was sie täglich an Papier und Daten produzieren, einer öffentlichen Kontrolle unterliegen sollte. Als wäre die Geheimhaltung von Behördenakten ein von der Verfassung geschützter ‹hergebrachter Grundsatz des Berufsbeamtentums›.» (Weichert 2003)

Die Entscheidung ist gegen die hergebrachten Herrschaftsgrundsätze des Beamtentums und der Verwaltung gefallen.

Europa war ein Treiber der Informationsfreiheit für die Bürger, und es ist an der Zeit, gerade in einer Zeit der Europaskepsis an diese großen Errungenschaften zu erinnern.

Tschernobyl als Auslöser einer Informationsoffensive

Die erste europäische Richtlinie, die das Recht auf Zugang zu Umweltinformationen konstituierte, war eine Folge der Atomreaktorkatastrophe von Tschernobyl, die am 26. April 1986 die Welt erschütterte. Tschernobyl war nicht nur ein atomarer GAU, sondern auch eine Informationskatastrophe. Tagelang hatten die Behörden in der UdSSR die Welt im unklaren über die dramatischen Ereignisse im Atomkraftwerk von Tschernobyl und die Strahlenbelastungen gelassen. Erst nach 5 Tagen rückten die Behörden nach und nach mit den wichtigsten Informationen heraus.

Die deutschen Aufsichtsbehörden verharmlosten die Lage zunächst, mussten aber auf massiven Druck einer empörten und hoch sensiblen Öffentlichkeit von ihrer Politik der Beschwichtigung abrücken. In der Folge von Tschernobyl wurde in der Bundesrepublik Deutschland das erste Bundesumweltministerium gebildet. Walter Wallmann wurde erster deutscher Bundesumweltminister. Die

Bedeutung der Atomkatastrophe kann gar nicht hoch genug eingeschätzt werden, so absurd dies auf den ersten Blick erscheinen mag.

Am 28. November 1988 legte die Kommission den Vorschlag für eine Richtlinie des Rates über den freien Zugang zu Umweltinformationen vor [KOM(88)484]. Der Vorschlag zielte darauf ab, «eine Reihe von schlüssigen Grundsätzen festzulegen, um die den Bürgern gebotenen Möglichkeiten des Zugangs zu im Besitz der Behörden befindlichen Informationen über die Umwelt zu erweitern und die Verbreitung der Informationen von Amts wegen zu verbessern. Er deckt somit die beiden wesentlichen Aspekte jeder auf Verwaltungstransparenz gerichteten Politik ab.» [KOM (88) 484 endg.; zit nach BT-Drs. 12/5696: 8]

Der Rat der Europäischen Gemeinschaft hat diese «Richtlinie über den freien Zugang zu Informationen über die Umwelt» (RL 90/313/EWG des Rates) am 9. Juni 1990 verabschiedet. Sie sollte bis zum 31. Dezember 1992 in nationales Recht umgesetzt werden.

Vier Jahre nach der Atomreaktorkatastrophe von Tschernobyl, bei der die sowjetischen Behörden der Welt-Öffentlichkeit tagelang fundamentale Informationen verschwiegen hatten, die überlebenswichtig für die Menschen im weiten Umfeld des Unglücksreaktors und enorm wichtig für die Gesundheit der Menschen in Europa waren, wurde mit der ersten Umweltinformationsrichtlinie die Erkenntnis in die Tat umgesetzt, dass Informationsfreiheit ein Beitrag zu Umweltschutz und Menschenschutz ist.

Mittlerweile ist «Informationsfreiheit als Menschenrecht» (Klein 2011: 16) anerkannt.

Zwei Jahre nach Tschernobyl setzte Brüssel damit Maßstäbe - für die Verbraucherinnen und Verbraucher, aber auch für Bürgerinnen und Bürger als politische Partizipanten. Diese fundamentalen europäischen Grundrechts-Impulse können gar nicht hoch genug bewertet werden - gerade in einer Zeit des Europa-Skeptizismus ist es notwendig, auf diese großen Erfolge zu verweisen. Europa vollzog damit im Umweltbereich nach, was die USA im «Freedom of Information Act» längst praktizierten.

«Vorrangiges Ziel der Gemeinschaftskation sollte sein, in der gesamten Gemeinschaft den freien Zugang zu den im Besitz der Behörden befindlichen Daten über den Zustand der Umwelt, umweltverschmutzende oder Umweltbeeinträchtigungen hervorrufende Tätigkeiten sowie die getroffenen oder beabsichtigten Schutz- oder Ausgleichsmaßnahmen zu gewährleisten.» [KOM(88)484 endg.]

Die Kommission verwies ausdrücklich darauf, dass es in der Europäischen Gemeinschaft erhebliche Unterschiede beim Informationszugang gebe. Dies könne ungleiche Wettbewerbsbedingungen in der Gemeinschaft herbeiführen. Deshalb seien gemeinschaftsweit gleiche Bedingungen notwendig, um die für Bürger, Verbände und Wirtschaft bestehenden Hemmnisse abzubauen und Wettbewerbsverzerrungen zu vermeiden.

«Einzelaktionen der Mitgliedstaaten können die Beseitigung der Hemmnisse für den Zugang zu den im Besitz der Behörden befindlichen Umweltdaten insbesondere in Fällen grenzüberschreitender Verschmutzung nicht angemessen gewährleisten; daher erscheint eine Gemeinschaftsaktion gemäß

Artikel 130r Absatz 4 EWG -Vertrag erforderlich.» [KOM(88)484 endg.] Die Kommission konnte sich in diesem Zusammenhang auf die Aktionsprogramme der Europäischen Gemeinschaft für den Umweltschutz 1973, 1977, 1983 und 1987 berufen. Vor allem das Aktionsprogramm 1987 im Europäischen Jahr des Umweltschutzes (87/C 328/1) hatte darauf abgestellt, dass «es notwendig ist, den gesamt Prozess der Regulierung und Anwendung derzeitiger Vorschriften transparenter zu gestalten, insbesondere was die Information der Öffentlichkeit anbelangt.»

In ihrem Aktionsprogramm äußerte sich die Kommission außerordentlich kritisch über den Zustand der Umwelt und die Rolle der Industrie:

«Die anhaltende und in vielen Fällen zunehmende Umweltverschlechterung hat die Kommission davon überzeugt, dass die Einführung strenger Normen für den Umweltschutz nicht mehr bloß wünschenswert sondern lebenswichtig ist. Darüber hinaus ist die Kommission der Auffassung, dass die Gemeinschaftsindustrie - angesichts der zunehmenden öffentlichen Forderung nach verbesserten Normen für den Umweltschutz und umweltfreundlichen Gütern - sowohl innerhalb der Gemeinschaft als auch weltweit keinen Erfolg haben wird, wenn sie nicht selbst derartige Normen erfüllt und solche Güter produziert. Hohe Umweltnormen sind also oberstes Gebot - und wirtschaftliches Gebot obendrein.» (Einleitung, 1.3)

Mit einer Vielzahl von Instrumenten sollte die europäische Umweltpolitik forciert und verbessert werden - sowohl durch Kontrolle als auch durch Normierung und Prävention und durch wirtschaftliche Steuerungsinstrumente. Als relevant wurden aber auch «Information und Erziehung» (2.6) erachtet. Transparenz und Öffentlichkeit sollten Kontrolle und Anwendung der Umweltschutzprogramme und -normen verbessern.

«Nach Auffassung der Kommission muss insbesondere Situationen Rechnung getragen werden, in denen der Zugang zu Informationen ein Element zum besseren Schutz von Mensch oder Umwelt bedeutet, sei es durch die bessere Anwendung von Vorschriften oder sonstigen Maßnahmen. Vergleichbare Bedeutung muss dem Zugang zu Informationen in Fällen grenzüberschreitender Verschmutzung eingeräumt werden.» (2.6.1)

So entstand die Idee eines «Gesetzes über die Freiheit der Umweltinformation» der Gemeinschaft (2.6.2) – eine europäische Variante des «Freedom of Information Acts» gewissermaßen.

Damit kann das Umweltprogramm 1987-1992 als Startschuss für den voraussetzungslosen freien Zugang zu Umweltinformationen angesehen werden.

«Abgesehen von der Frage der Schaffung des Rechts für den Zugang zu Informationen besteht kein Zweifel, dass eine weite Verbreitung von Informationen über die Umwelt und Umweltprobleme, Strategien und Programme sowohl die Entwicklung von erforderlichen Umweltmaßnahmen als auch deren Akzeptanz durch die Öffentlichkeit erheblich fördern kann. Zu diesem Zweck sind noch nicht genügend Maßnahmen getroffen worden, obwohl auf jeden Fall berücksichtigt werden sollte, dass eine Reihe von Mitgliedstaaten jetzt regelmäßig nationale Berichte über den ‚Zustand de Umwelt' veröffentlichen.» (2.6.3)

In erstaunlicher Offenheit bemerkt die Kommission: «Es könnte viel mehr getan werden, um die Öffentlichkeit zu informieren und sie somit auf strenge Umweltstrategien vorzubereiten.» So «beabsichtigt die Kommission, eine breitere Verfügbarkeit der Informationen über die Anwendung der Umweltvorschriften der Gemeinschaft zu erwirken.» (2.6.4)

Bestmögliche Effektivität der Öffentlichkeitsarbeit, Koordination der Informationen, Institutionen übergreifende Zusammenarbeit, Bewusstseinsbildung, Modellvorhaben, Netzwerkbildung und die Aufwertung von NGO gehören zu den Zielen der Kommission. Jeder Versuch, dies zu unterlaufen oder gar zu unterbinden, sei es durch vorgeblich Amtsgeheimnisse, sei es durch hohe Kostenhürden oder durch neue Ausnahmetatbestände, verstößt damit gegen die Intention der Gemeinschaft, insbesondere der Kommission und des Europäischen Parlaments, die «Unterrichtung jedes Bürgers» in den Staaten der Europäischen Union durch eine Globalstrategie zu garantieren.

Kommission und Parlament gehen noch weiter, indem sie auch den so wichtigen Rechtsschutz von Privaten und NGO verbessern.

«In diesem Zusammenhang ist es wichtig, die durch nationale Vorschriften Einzelpersonen und Gruppen eingeräumten Möglichkeiten zur Verteidigung ihrer Rechte oder Interessen in Verwaltungsverfahren zu verbessern.»

Mit dem Vorschlag einer Richtlinie des Rates über den freien Zugang zu Informationen über die Umwelt machte die Kommission 1988 ernst mit ihren Zielen, den Informationszugang für alle nicht nur deklaratorisch zu verbessern, sondern gemeinschaftsweit zu normieren und in verbindliches europäisches Recht umzusetzen.

Schon zwei Jahre später, am 7. Juni 1990, wurde die Richtlinie 90/313/EWG verabschiedet. In den Erwägungsgründen heißt es:

«Es ist notwendig, in der gesamten Gemeinschaft allen natürlichen und juristischen Personen den freien Zugang zu den bei den Behörden in Schrift-, Bild-, Ton- oder DV-Form verfügbaren umweltbezogenen Informationen über den Zustand der Umwelt, Tätigkeiten oder Maßnahmen, die diesen Zustand negativ beeinflussen oder negativ beeinflussen können, sowie über Tätigkeiten oder Maßnahmen zum Schutz der Umwelt zu gewährleisten.» (RL 90/313/EWG)

Die Richtlinie besteht aus lediglich zehn Artikeln, die ein neues Informationszugangsrecht in Europa statuieren und ein subjektives Recht auf freien Zugang zu Informationen, die im Besitz von Behörden oder von diesen beauftragten Dritten sind, konstituiert. Damit ist die Richtlinie ein fundamentaler Rechtsakt in und für Europa. Sie verpflichtet die Staaten außerdem, im Sinne der Transparenz und der Bewusstseinsbildung zu einer aktiven Informationspolitik in Umweltfragen.

Art. 1 beschreibt deklaratorisch das Ziel der Richtlinie, «den freien Zugang zu den bei den Behörden vorhandenen Informationen über die Umwelt sowie die Verbreitung dieser Informationen zu gewährleisten und die grundlegenden Voraussetzungen festzulegen, unter denen derartige Informationen zugänglich gemacht werden sollen.»

Art. 2 definiert, was «Informationen über die Umwelt» im Sinne der Richtlinien sind und präzisiert den Behördenbegriff.

Demnach sind Informationen über die Umwelt «alle in Schrift-, Bild-, Ton- oder DV-Form vorliegenden Informationen über den Zustand der Gewässer, der Luft, des Bodens, der Tier- und Pflanzenwelt und der natürlichen Lebensräume sowie über Tätigkeiten (einschließlich solcher, von denen Belästigungen wie beispielsweise Lärm ausgehen) oder Maßnahmen, die diesen Zustand beeinträchtigen oder beeinträchtigen können, und über Tätigkeiten oder Maßnahmen zum Schutz dieser Umweltbereiche einschließlich verwaltungstechnischer Maßnahmen und Programme zum Umweltschutz.» (Art. 2, abs. a))

Behörden im Sinne der Richtlinie sind „die Stellen der öffentlichen Verwaltung, die auf nationaler, regionaler oder lokaler Ebene Aufgaben im Bereich der Umweltpflege wahrnehmen und über diesbezügliche Informationen verfügen, mit Ausnahme der Stellen, die im Rahmen ihrer Rechtsprechungs- oder Gesetzgebungszuständigkeit tätig werden." (Art. 2, Abs. b))

Kern der Richtlinie mit der Konstituierung eines voraussetzungslosen Jedermann-Anspruchs auf Umweltinformationen ist Art. 3, Abs. 1:

„Vorbehaltlich der Absätze 2, 3 und 4 gewährleisten die Mitgliedstaaten, dass die Behörden verpflichtet werden, allen natürlichen oder juristischen Personen auf Antrag ohne Nachweis eines Interesses Informationen über die Umwelt zur Verfügung zu stellen."

Die Richtlinie 90/313/EWG sieht noch erhebliche Beschränkungen und Ausschlussmöglichkeiten vor, indem sie den Staaten in einer Kann-Vorschrift erlaubt, den Zugang zu Umweltinformationen unter bestimmten Voraussetzungen abzulehnen, wenn diese Information «folgendes berührt:

- die Vertraulichkeit der Beratungen von Behörden, die internationalen Beziehungen und die Landesverteidigung;

- die öffentliche Sicherheit;

- Sachen, die bei Gericht anhängig oder Gegenstand von Ermittlungsverfahren (einschließlich Disziplinarverfahren) sind oder waren oder die Gegenstand von Vorverfahren sind;

- Geschäfts- und Betriebsgeheimnisse einschließlich des geistigen Eigentums;

- die Vertraulichkeit personenbezogener Daten und/oder Akten;

- Unterlagen, die von einem Dritten übermittelt worden sind, der dazu nicht gesetzlich verpflichtet war;

- Informationen, deren Bekanntgabe die Wahrscheinlichkeit einer Schädigung der Umwelt in dem betreffenden Bereich noch erhöhen würde.»

Allerdings verlangt bereits die Richtlinie von 1990 die auszugsweise Übermittlung von Informationen, wenn zwischen Vertraulichkeit bestimmter Daten einerseits und dem Anspruch auf Information andererseits abgewogen werden muss:

«Informationen, die sich im Besitz der Behörden befinden, werden auszugsweise übermittelt, sofern es möglich ist, Informationen zu Fragen, die die oben aufgeführten Interessen berühren, auszusondern.» (Art. 3, Abs. 2, Satz 2).

Damit ist es Behörden nicht erlaubt, nur deshalb den Informationszugang zu verweigern, weil Dokumente, Daten und Schriftstücken vertrauliche Teile enthalten. Vielmehr ist durch Schwärzungen oder auszugsweise Übermittlungen sicherzustellen, dass die Antragsteller die begehrten Informationen über die Umwelterhalten. lediglich dann, wenn ein Antrag auf Zugang zu Informationen «sich auf die Übermittlung noch nicht abgeschlossener Schriftstücke oder noch nicht aufbereiteter Daten oder interner Mitteilungen bezieht oder wenn der Antrag offensichtlich missbräuchlich ist oder zu allgemein formuliert ist» (Art. 3, Abs. 3), kann er abgelehnt werden.

Mit der Einführung einer Frist von zwei Monaten verhindert die Richtlinie auch Versuche von Behörden, legitime Auskunftsersuchen zu verschleppen:

«Eine Behörde erteilt dem Antragsteller so bald wie möglich, spätestens jedoch innerhalb von zwei Monaten eine Antwort. Die Ablehnung eines Antrags auf Information ist zu begründen.» (Art. 3, Abs. 4)

Der Anspruch auf Umweltinformationen ist inhaltlich grundsätzlich unbeschränkt, der Informationsbegriff wird sehr weit gefasst, um die Intentionen der europäischen Umweltaktionsprogramme und der Informationsfreiheit zu gewährleisten.

Art. 4 garantiert jeder Person, «die der Ansicht ist, dass ihr Informationsersuchen zu Unrecht abgelehnt oder nicht beachtet worden ist, oder die von einer Behörde eine unzulängliche Antwort erhalten hat», den Rechtsweg, um den negativen Bescheid «auf dem Gerichts- oder Verwaltungsweg gemäß der einschlägigen einzelstaatlichen Rechtsordnung» anzufechten.

In Art. 5 wird normiert, dass zwar Gebühren für die Informationsübermittlung verlangt werden können, dass diese „«jedoch eine angemessene Höhe nicht überschreiten» dürfen. Damit wird unterbunden, dass Informationsersuchen durch unverhältnismäßig hohe Gebühren de facto unterlaufen werden. Das sollte in Deutschland eine nicht unwesentlich Rolle spielen, wo die Behörden zunächst ein tiefes Misstrauen gegen jegliches Ansinnen entwickelten, interne Dienstgeheimnisse preiszugeben und aus Papierkonvoluten und diskreten Email-Postfächern gläserne Akten zu machen.

Art. 6 erlegt den Mitgliedstaaten die Pflicht auf, «die erforderlichen Maßnahmen» zu treffen, «um sicherzustellen, dass Stellen, die öffentliche Aufgaben im Bereich der Umweltpflege wahrnehmen und die der Aufsicht von Behörden unterstellt sind, die bei ihnen vorliegenden Informationen über die Umwelt unter den Bedingungen der Artikel 3, 4 und 5 entweder über die zuständige Behörde oder selbst unmittelbar zugänglich machen.»

Das ist eine sehr weit reichende Verpflichtung, die weit über die klassische Behördenzuständigkeit und über das Umweltressort hinaus geht. Schmidt-Aßmann verweist zu Recht darauf, dass die «Ausstrahlungswirkungen, die diese Richtlinie auf andere Verwaltungsbereiche haben wird, kaum zu überschätzen» (Schmidt-Aßmann 2006: 455; Aufgaben und Perspektiven verwaltungsrechtlicher Forschung) seien. Kommission und Parlament wollten sicherstellen, dass trotz unterschiedlicher gesetzlicher Regelungen und Organisationsstrukturen in den einzelnen EU-Staaten alle EU-Bürger die gleiche Chance auf Zugang zu Umweltinformationen haben sollten – ganz gleich, ob die Aufgaben nun von staatlichen Behörden erledigt werden oder ob sie delegiert sind. Es kommt dabei nicht darauf an, «ob der Umweltschutz Hauptaufgabe der Stelle» (Daniel R. Klein: Umweltinformation im Völkerrecht: aktive Umweltaufklärung des Staates und Informationszugangsrechte des Bürgers; 2011: 333) ist und ob es sich bei der «Aufsicht von Behörden» nur um die Rechts- und Fachaufsicht oder auch um gesellschaftsrechtliche Kontrolle oder vertragsrechtliche Verbindungen handelt.

In Deutschland haben sich informationspflichtige Stellen, die nicht Behörden i.e.S. sind, lange gegen diese Verpflichtungen gewehrt – am Ende aber ohne Erfolg. Mit der Verpflichtung von natürlichen oder juristischen Personen des Privatrechts sollten auch Firmen und Privatunternehmer in privatisierten Umweltbereichen (z.B. Abfallentsorgung) einbezogen werden. Diese Dimension des Informationszugang ist der Öffentlichkeit bis heute – 24 Jahre nach Inkraftsetzung der Richtlinie 90/313/EG – nicht ansatzweise bewusst.

Die Informationsrichtlinie des Jahres 1990 war geradezu revolutionär und kann als Meilenstein in der Rechtsetzung der Europäischen Informationsgesellschaft angesehen werden.

Art. 7 normiert, dass die Mitgliedsstaaten der europäischen Gemeinschaft «die erforderlichen Maßnahmen [treffen], um der Öffentlichkeit allgemeine Informationen über den Zustand der Umwelt, z. B. durch die regelmäßige Veröffentlichung von Zustandsberichten, zur Verfügung zu stellen.»

Auch dies ist eine fundamentale Neuerung, weil sie Verwaltung neu definiert: Sie soll nicht mehr nur eine regulierende Ordnungsverwaltung sein, die die Einhaltung von Gesetzen, Verordnungen und Richtlinien kontrolliert, garantiert und notfalls rechtlich durchsetzt, sondern eine transparente, offensiv informierende und kommunizierende Institution, die im Interesse eines Public Value selbst Informationen aufbereitet und sie der Öffentlichkeit aktiv zugänglich macht.

Art. 9 setzt den Mitgliedstaaten eine Frist zur Umsetzung bis 31. Dezember 1992 mit Informationspflicht gegenüber der Kommission, Art. 8 führt ein europaweites Controlling für die Mitgliedstaaten ein. Vier Jahre nach dem in Artikel 9 Absatz 1 genannten Datum, spätestens am 31. Dezember 1996, müssen die Nationalstaaten der Kommission Bericht über ihre Erfahrungen erstatten; «auf dieser Grundlage erstellt die Kommission einen Bericht an das Europäische Parlament und den Rat und fügt ihm etwaige Änderungsvorschläge bei, die sie für zweckmäßig hält.»

Art. 10 stellt klar, dass die Richtlinie an die Mitgliedstaaten gerichtet ist.

Damit hatte alle EU-Staaten die Verpflichtung, den Zugang der Öffentlichkeit zu Umweltinformationen unverzüglich in nationales Recht umzusetzen – ungeachtet diverser administrativer Blockaden.

Europa war plötzlich ein Treiber der Informationsfreiheit für alle.

Eigenständige Anspruchsgrundlagen für einen voraussetzungslosen, allgemeinen Zugang zu Umweltinformationen, die Verpflichtung der Staaten und Behörden zu einer aktiven Umwelt-Informationspolitik, die Schaffung neuer Zugänge zu gerichtlichen Überprüfungsverfahren auch für NGO – das war der Schritt Europas in die Informationsgesellschaft, ein Meilenstein europäischer Rechtsetzung.

Deutschland aber blockte ab.

Die Richtlinie über den freien Zugang zu Umweltinformationen setzte Deutschland unter Zugzwang. Vor allem der Bundesrat wehrte sich massiv gegen die Einführung freier Akteneinsicht. Während in anderen europäischen Staaten und in den USA seit Jahrzehnten Akteneinsicht und Informationsfreiheit in Umweltfragen gewährt wurde, setzte die deutsche Verwaltung nach wie vor auf Amtsverschwiegenheit, Dienstgeheimnis und Abschottung – eine anachronistische Praxis, die bis heute vorherrscht. Latentes Misstrauen gegenüber Öffentlichkeit und die Angst um Pfründe und Machtverlust bestimmen bis heute das Handeln deutscher Verwaltungen. Sie herrschen noch immer im Sinne Max Webers: «In einem modernen Staat liegt die wirkliche Herrschaft, welche sich ja weder in parlamentarischen Reden noch in Enunziationen von Monarchen, sondern in der Handhabung der Verwaltung im Alltagsleben auswirkt, notwendig und unvermeidlich in den Händen des Beamtentums.» (Weber 2006: 360)

Weber sprach schon 1918 vom «widerwillig geduldete[n] Bewilligungsapparat» (Weber 2006: 360). Mit Blick auf die Umsetzung der ersten Informationsrichtlinie der Europäischen Gemeinschaften kann man diesen Satz treffend abwandeln: Die deutsche Verwaltung wehrte sich gegen Aktenöffentlichkeit und Informationsfreiheit und erwies sich als ebenso professioneller wie widerwilliger Bewilligungsapparat von Öffentlichkeit. Information ist Herrschaftsinstrument. «Angestellte Beamte entscheiden über alle unsere Alltagsbedürfnisse und Alltagsbeschwerden.» (Weber 2006: 361) Von dieser Allmacht verabschiedet sich der Apparat offensichtlich nicht freiwillig.

Er muss aber notgedrungen.

Der Verpflichtung zur Umsetzung der Informationsrichtlinie RL 90/313/EWG bis zum 31. Dezember 1992 kam die Bundesrepublik zunächst nicht nach. Vor allem Bündnis 90/Die Grünen wiesen die Regierung Kohl darauf hin, dass sich Untätigkeit und Nichtumsetzung für Deutschland negativ auswirkten. In Anwendung der Rechtsprechung des Europäischen Gerichtshofs habe die Nichtumsetzung zur Folge, dass einerseits die Richtlinie unmittelbare Geltung erlangte, «soweit ihre Vorschriften inhaltlich unbedingt und hinreichend bestimmt»

(Drs. 12/5696: 2) seien, dass aber andererseits bei Ausnahmetatbeständen und bei Rechten Dritten die Unsicherheit wachse und damit vermehrte juristische Auseinandersetzungen zu erwarten seien.

So wurde schließlich ein Umweltinformationsgesetz gezimmert, das den europarechtlichen Vorgaben zumindest ansatzweise entsprach, das aber voller Hürden, Hindernisse, Fallstricke und Mauern war. Der Paragraphen-Automat spuckte ein Gesetz aus, das im Dienste der eigenen bürokratischen Interessen war, den Geist der Informationsrichtlinie aber nicht atmete.

Der damalige Bundesumweltminister Klaus Töpfer (CDU) sagte bei der Einbringung des Gesetzes: «Die Begründung eines allgemeinen Rechts auf Zugang zu Umweltinformationen ist eine grundlegende Weiterentwicklung, ja, eine Neuerung im deutschen Recht. Anders als in einigen anderen Industriestaaten, ich erwähne in besonderer Weise die Vereinigten Staaten - den ‹Freedom of Information Act› –, Frankreich und die skandinavischen Länder, kannte das deutsche Recht bisher keinen freien Zugang zu Umweltinformationen.

Es gab bisher vielmehr den allgemeinen Grundsatz der beschränkten Aktenöffentlichkeit, der hier einzuhalten war. So gab es ohne Nachweis eines berechtigten Interesses keinen Zugang zu den Akten.» (Deutscher Bundestag, 12. WP, 220. Sitzung, Pl.Pr. 12/220, 19081 A).

Das führt zu Frustrationen bei Bürger und Verbänden, wenn dieses «berechtigte Interesse etwa an Informationen über die Einleitung in die Flüsse nicht nachgewiesen werden konnte.» (Töpfer, a.a.O.)

Die Bundesregierung ließ keinen Zweifel daran, wo die Hindernisse standen. Töpfer erklärte dies mit einiger Chuzpe:

«Bei manchem Beteiligten herrscht auf der anderen Seite die Sorge, das neue Informationsrecht der Bürger könne zu erheblichem Verwaltungsaufwand führen, zur Beeinträchtigung der Verwaltungseffizienz beitragen, wieder mehr Bürokratie begründen, Kosten verursachen, also dem, was wir uns vorgenommen haben, nämlich eine schlankere

Verwaltung und einen möglichst nicht aufgeblähten Bürokratieapparat, zuwiderlaufen.

Diese Besorgnisse sind natürlich erst zu nehmen. Das waren die eigentlichen Gründe dafür, warum diese EG-Richtlinie eben nicht – das trage ich hier mit Bedauern, nicht nur pflichtgemäß vor – fristgerecht bis Ende 1992 umgesetzt worden ist und dass wir dieses Umsetzungsverfahren nun wirklich zu einem vernünftigen Ergebnis bringen müssen.» (Töpfer 1994, Pl. Pr. 19081 A-B)

Man muss das richtig einordnen: Ein deutscher Umweltminister, der zu den Schwergewichten im Ministerrat der Europäischen Gemeinschaft gehört und dessen vornehmste Aufgabe es wäre, fortschrittliche Europapolitik auf nationaler Ebene zu forcieren, rechtfertigt die Nicht-Einhaltung einer Richtlinie mit dem Beharrungsvermögen einer widerspenstigen Administration, die ihre hergebrachten Pfründe nicht aufgeben, sich nicht bewegen und nicht mehr als bisher arbeiten will.

Das «Menschenrecht auf Informationsfreiheit» wird unterlaufen durch die Sorge der Beamtenschaft, «das neue Informationsrecht der Bürger könne zu erheblichem Verwaltungsaufwand führen, zur Beeinträchtigung der Verwaltungseffizienz beitrage»" (Töpfer, a.a.O.) oder Kosten verursachen. Und der Minister will das Umsetzungsverfahren auch nicht mehr zu einem guten, sondern lediglich «zu einem vernünftigen Ergebnis bringen.»

Das ist eine haarsträubende, unbefriedigende Argumentation, passt aber in die damalige Zeit und in die deutsche Beamtenlandschaft.

Der SPD-Abgeordnete Dietmar Schütz brachte das Bürokratieproblem prägnant auf den Punkt:

«Bei aller Weiterentwicklung der Demokratie und des Rechtsstaates ist unsere Bürokratiestruktur in ihren Wurzeln immer noch ein Kind des 19. Jahrhunderts und fühlt und benimmt sich teilweise auch noch so. Bürokratien und ihre Sachwalter schotten ihre Erkenntnis- und Entscheidungssphären immer noch eher gegen den Bürger ab, als daß sie sich ihm gegenüber öffnen und mit dem Bürger zusammen die auftretenden Probleme lösen.» (Schütz 1994, Pl.Pr. 19082, A)

Das UIG sei ein Beitrag, gegen diese Abschottungstendenzen anzugehen. Dies sei aber nur ein kleiner Schritt «auf dem Weg zu einem emanzipatorischen Aufbruch des Bürgers» (Schütz, a.a.O.) Ein «Mehr an Offenheit» werde der Forderung nach einer schlanken und kosteneffizienten Verwaltung eher gerecht als die von Verwaltungen ausgehenden Abschottungstendenzen. Töpfer und Schütz äußerten Verständnis, das Behörden «die Verfahrenshoheit behalten [wollten], um so auch Obstruktions- und Störversuche, die möglicherweise auf ein Lahmlegen der Verwaltung zielen, zu vermeiden.» (Schütz, 19082 D).

Genau diese Rechtfertigungstatbestände für mauernde Verwaltungen sieht die Richtlinie 90/313/EWG nicht vor. Ihr Anliegen ist es vielmehr, eine breitere Verfügbarkeit der Informationen über die Umwelt zu erwirken, diese aktiv ohne Aufforderung bereitzustellen und Behördentransparenz in allen Fragen, die mit Umweltbelangen zusammenhängen, zu gewährleisten. Das ist ein Beitrag zur Partizipation und damit zur Demokratie.

Es könne nicht darum gehen, den Bürger möglichst weitgehend aus den Verwaltungsprozessen auszugrenzen, um Verwaltungseffizienz zu erreichen. «Moderner, effektiver und zukunftsträchtiger als die ‚Geheimratsmentalität vieler mit Verwaltungsaufgaben Befasster ist es, den Bürger als Beteiligten im Diskurs einzubeziehen, ihn nicht auszugrenzen, sondern ihn zu integrieren.» (Schütz, 19083, A)

Dass auch das Verwaltungscontrolling eine Nebenerscheinung der Richtlinie und des UIG sein sollte, beschreibt der FDP-Abgeordnete Jürgen Starnick:

«Offenbar ist die positive politische Wirkung eines solchen Gesetzes vielfach unterschätzt worden. In einem demokratischen Rechtsstaat erfüllen die Offenlegung von Behördenakten sowie die Information der Öffentlichkeit sehr wichtige Funktionen. Sie dienen vor allen Dingen dazu, den Konsens zwischen den Bürgern und dem Staat zu erhalten, indem die Bürger die Möglichkeit bekommen, staatliches Handeln kritisch zu begleiten.

Nun mag es für viele Vollzugsbehörden unangenehm sein, daß der Informationszugang auch der Kontrolle des Behördenhandelns dient. Andererseits kann es aber Akzeptanz und in der Folge Interesse am Verwaltungsgeschehen wecken und viele Bürger zum Mitwirken im Umweltschutz stimulieren. Information ist notwendige Voraussetzung für Partizipation.» (Starnick 1994, Pl.Pr. 19083, C-D)

Dass nicht nur die Behörden eine gewisse Angst vor Akteneinsicht und Transparenz haben, sondern vor allem die Wirtschaft, machte die Abgeordnete Dagmar Enkelmann (Linke) deutlich, die von einer «Phalanx der Ablehnung» sprach.

Die CDU-Abgeordnete Renate Hellwig ergriff in der Debatte offen Partei für eine die restriktive Haltung der Wirtschaft. Ihr Begründung: «Je mehr Umwelttechnologie, je mehr Umweltindustrie in unserem Wirtschaftskreislauf eine Rolle spielen, desto stärker wird natürlich auch der berechtigte Schutz der Geschäftsgeheimnisse eine Rolle spielen.

Warum haben wir denn ein Urheberrecht, warum haben wir ein Markenrecht, um einmal ganz andere Bereiche anzusprechen? Weil wir genau wissen, daß natürlich die Effizienz, der Wettbewerb, die Konkurrenz auch von dem jeweiligen Vorsprung des einzelnen bei der Entwicklung neuer Verfahren abhängig sind. Das ist einer der wichtigsten Motoren unserer Marktwirtschaft: die hohe Effizienz auf der Basis, auf der letztlich Wohlstand und — als Basis des Wohlstandes — die Verbesserung des Umweltschutzes möglich sind.» (Hellwig 1994, Pl.Pr. 19085, A) Eine abwegige Argumentation. Letztlich plädierten aber alle im Plenum anwesenden Abgeordneten (es waren nur wenige) für das erste deutsche Umweltinformationsgesetz, um die Eigenverantwortung der Bürger zu fördern.

Am 8. Juli trat das UIG schließlich nach vielen Geburtswehen in Kraft. Es führte (und führt) nicht zu einer Lahmlegung der Behörden. Weniger Bürger als erwartet nutzen die Möglichkeit, Informationen zur Umwelt bei informationspflichtigen Stellen zu verlangen. Vermutlich wissen auch zu wenige Bürger von dieser Möglichkeit.

1994 herrschte noch Unsicherheit. Im einschlägigen UIG-Handkommentar zum alten UIG hieß es: «Die Anwendung des UIG wird in der Praxis auf ganz erhebliche Widerstände stoßen. Der Bruch mit überkommenen Verwaltungstraditionen erfordert ein Umdenken in den Behörden.» (Schomerus/Schrader/Wegener 2002: 7)

Die «überkommenen Verwaltungstraditionen» sind auch 20 Jahre später nicht verschwunden, sondern werden gepflegt. Noch immer ist das Amtsgeheimnis eine heilige Kuh in deutschen Verwaltungen. Trotz neuer Steuerungsmodelle, trotz IT-Einsatz und eGovernment kann von einem «Bruch mit überkommenen Verwaltungstraditionen» keine Rede sein. Andererseits gab es offenbar auch keine gesteigerten Widerstände gegen Informationsbegehren.

Dass die Kommission bis Ende 1999 lediglich 156 Beschwerden zählte, spricht für eine pragmatische Anwendung – und vergleichsweise wenig echte Konfliktfälle. Die haben dann allerdings zu wegweisenden Entscheidungen des EuGH und weiteren großen Etappen auf dem Weg zur Informationsfreiheit geführt. Auch in diesen Fällen ging die Initiative wieder von Europa aus – ein Umstand, der zwei Jahrzehnte später in einer Zeit der Europaskepsis eher untergeht.

Fakt ist, dass Europa der große Treiber war, wenn es um Bürger- und Verbraucherinformationen, um Transparenz und gläserne Akten, um Partizipation und Kommunikation ging. Völkerrechtlich war die Aarhus-Konvention die entscheidende Wegmarke. Als «Magna Carta der Umwelt-Informationsfreiheit in Europa» könnte sie, wenn dies gewollt wäre, zu einem Vorbild der Informationsfreiheit in anderen Policy-Feldern werden.

Derzeit sind allerdings keine Initiativen dieser Art erkennbar, weder auf europäischer noch auf nationaler Ebene.

Die praktischen Erfahrungen mit dem UIG sind zwar für die Öffentlichkeit weitgehend positiv, sie belegen aber auch, dass grundlegende Verhaltensänderungen der Verwaltung auch 16 Jahre nach der Aarhus-Konvention noch ausstehen, wie die vielen Entscheidungen des EuGH, des BVerwG und der OVG belegen.

Noch kritischer als auf Bundesebene sieht es mit der Umsetzung der europäischen Normen zum Informationszugangsrecht auf Landesebene aus. Der Bund passte sein UIG 2004 gerade noch rechtzeitig an die EU-Öffentlichkeitsrichtlinie 2003/4/EG an. Das Saarland aber verabschiedete sein SUIG erst 2007 und damit drei Jahre zu spät. Auch das war Absicht, wie die Landtagsdebatte zur Einbringung des SUIG belegt.

Umweltinformationsfreiheit im Saarland durch das SUIG

Mit einem bemerkenswerten Wortwechsel begann am 25. April 2007 im Saarländischen Landtag die erste Lesung des Gesetzes zur Regelung des Zugangs zu Umweltinformationen (Drucksache 13/1321), das die Landesregierung ins Parlament eingebracht hatte.

Landtagsvizepräsidentin Karin Lawall eröffnete die Nachmittagssitzung mit den Worten: «Wie so oft nach der Mittagspause beginnen wir vor fast leerem Plenarsaal mit der Fortsetzung unserer Diskussionen.» Der damalige Umweltminister begann seine Rede daraufhin mit den Worten, es gebe sicherlich «Themen und Kollegen», die «kurz nach der Mittagspause» im Landtag «aufregender» seien als dieses Gesetz zur Regelung des Zugangs zu Umweltinformationen, er wolle aber versuchen, das Gesetz zur Regelung des Zugangs zu Umweltinformationen so einzubringen, dass den Abgeordneten «zumindest die wesentlichen Inhalte deutlich werden».

Umweltminister Mörsdorf fasste die Kernaussagen zu diesem Landes-Umweltinformationsgesetz so zusammen:

«Die Rechte von Bürgerinnen und Bürgern, die Einsicht in Verwaltungsvorgänge und Daten über Umweltinformationen zu erhalten, sind aufgrund der europarechtlichen Vorgaben deutlich gestärkt worden.

Das Gesetz zur Regelung des Zugangs zu Umweltinformationen dient der Umsetzung der Vorgaben von EU-Recht.

Die diesbezügliche Richtlinie der Europäischen Union dient dazu, den Anspruch der Öffentlichkeit auf Zugang zu umweltbezogenen Informationen zu sichern.

Die Umweltinformationen sollen größtmöglich verfügbar sein und verbreitet werden. Insbesondere soll der moderne Einsatz der EDV dadurch gefördert und ausgeweitet werden, auch um eine überflüssige Papierflut zu vermeiden. Es soll eine wirksamere Öffentlichkeitsbeteiligung bei umweltbezogenen Entscheidungen ermöglicht werden und letztlich soll hierdurch auch ein Beitrag zum Umweltschutz geleistet werden.»

Das sollte kein spannendes Thema sein? Den Abgeordneten stellte der Minister mit seiner launig gemeinten Vorrede ein Armutszeugnis aus – wie zuvor schon die amtierende Sitzungspräsidentin. Den Parlamentariern war offensichtlich die Tragweite des Gesetzes nicht bewusst – und dem Minister womöglich auch nicht.

Tatsache ist, dass dieses voraussetzungslose Recht auf freien Zugang zu Umweltinformationen außerordentlich aufregend und spannend sein kann, wie diverse Klagen vor dem Europäischen Gerichtshof belegen. Es ist ein neues Bürgerrecht, eine Waffe gegen die Geheimhaltungsmanie der deutschen Bürokratie, ein Impuls für eine radikale Neuausrichtung der Verwaltung.

Mit dem Umweltinformationsgesetz (UIG) auf Bundesebene und den Landesgesetzen, die den Zugang zu Umweltinformationen in den Bundesländern regeln, hat das Zeitalter der gläsernen Akten begonnen.

Viele Ämter wollen es noch nicht wahrhaben, viele Bürger wissen es noch nicht. Aber seit der Aarhus-Konvention, der Europäischen Umweltinformationsrichtlinie, der Verabschiedung des UIG neuer Fassung im Jahr 2004 und der Richtlinie 2003/4/EG ist im Umweltbereich das Ende der Amtsgeheimnisses und des geheimen Herrschaftswissens besiegelt. Das ist ein Paradigmenwechsel in der deutschen Rechtsgeschichte und wird die Verwaltung grundlegend verändern, wenn die Bürgerinnen und Bürger erst einmal ihre Rechte kennen und ausüben.

Abgeordnete und Landesregierung haben bei der ersten Lesung bewusst oder unbewusst erkennen lassen, wie wenig Bedeutung sie dem Zugang zu Umweltinformationen beimisst. Das war ehrlich, aber falsch.

Das SUIG war – abgesehen von den Landeshaushaltsgesetzen und der Verfassungsänderung zur Bildungspolitik – vielleicht eines der wichtigsten Gesetze des saarländischen Landtags in der 13. Wahlperiode. Ganz freiwillig hat er dieses Gesetz offensichtlich nicht verabschiedet. Vorausgegangen war eine ernsthafte Ermahnung der saarländischen Landesregierung durch den damaligen Bundesumweltminsiter Sigmar Gabriel, die in der zweiten Lesung des Gesetzes im Plenum durch die SPD-Abgeordnete Gisela Kolb zitiert wurde:

«Sehr geehrter Herr Kollege, die Richtlinie des Europäischen Parlamentes und des Rates vom 28. Januar 2003 über den Zugang der Öffentlichkeit zu Umweltinformationen ist allein wegen der noch ausstehenden Umsetzung durch das Saarland mehr als zwei Jahre nach Ablauf der Umsetzungsfrist am 14. Februar 2005 noch nicht vollständig umgesetzt. Inzwischen konnte für alle übrigen Bundesländer die Richtlinienumsetzung notifiziert werden. Die Europäische Kommission hat am 02. Februar 2007 bereits Klage beim Europäischen Gerichtshof gegen Deutschland in dieser Sache eingereicht.» (Saarl. Landtag, Pl.Pr. WP 13 / 43.Sitzung / S. 2531)

Diese fatalen Folgen der Föderalismusreform sind nicht nur im Berich der Umweltinformationsgesetze erkennbar. Hier hatten sie allerdings schwer wiegende Konsequenzen. Dass die Europäische Kommission Klage gegen die Bundesrepublik Deutschland wegen Nicht-Umsetzung einer Richtlinie erhebt, weil das Saarland nicht in der Lage war, seinen landesrechtlichen Pflichten nachzukommen, ist in hohem Maße peinlich, schlimmer noch: Es ist eigentlich skandalös. Deshalb erstaunt die zahme Reaktion der Landtagsopposition. Die saarländische Landesregierung hatte ihre Hausaufgaben nicht erledigt.

Mit der Beschlussfassung des Saarländischen Umweltinformationsgesetzes wurde dieses Manko auf den ersten Blick geheilt.

Tatsächlich war das SUIG bis zur Novellierung im Februar 2016 nicht europarechtskonform. Das lag nicht am fehlenden Umweltzustandsbericht, der allerdings ein zentrales Thema der ersten und zweiten Lesung im Saarländischen Landtag war. In dieser Frage war der Landtag frei, sich für oder gegen einen solchen Zustandsbericht zu entscheiden, wenngleich der Verzicht nicht dem Geist der Aarhus-Konvention und der Informationsrichtlinie 2003/4/EG entspricht. Schwerer wog, dass das Saarland die Ausnahmetatbestände in § 2, Abs. 1

und § 9, Abs. 1 unzulässig ausweitete und damit dem Kern der Richtlinie 2003/4/EG, einen voraussetzungslosen freien Zugang zu Umweltinformationen zu ermöglichen und Umweltinformationen aktiv zu verbreiten, zuwider handelte.

Dass der Landesgesetzgeber oberste Landesbehörden, soweit sie im Rahmen der Gesetzgebung tätig werden, nicht zu den informationspflichtigen Stellen zählte, war richtlinienkonform, soweit und solange es sich um nicht abgeschlossene Gesetzesvorhaben handelt. Dort, wo oberste Landesbehörden als Verordnungsgeber tätig sind, können sie dagegen nicht von den Ausnahmetatbeständen Gebrauch machen. Das ist durch den EuGH und das BVerwG bestätigt und war auch der Grund, warum der Bund das UIG 2014 novellieren musste. Erst recht greift der Ausnahmetatbestand nicht bei «Gemeinden und Gemeindeverbände, soweit sie im Rahmen der Rechtsetzung tätig werden».

Hier wird die Intention der Richtlinie ins Gegenteil verkehrt. Gemeinden regeln ihre Angelegenheiten in kommunaler Selbstverwaltung durch Satzungen. Dabei sind Bürgermeister und Gemeinderat gleichermaßen Organe der Gemeinde. Sie verwalten damit gemeinsam bürgernah. Gerade Satzungen sollen und müssen unter frühzeitiger und umfassender Bürgerbeteiligung erlassen werden. Es gibt keinen Grund, Gemeinden und ihre (Selbst-)Verwaltung zu den nicht informationspflichtigen Stellen zu zählen. Das wäre eine unzulässige Gleichstellung der Kommunen mit den gesetzgebenden Parlamenten auf Bundes- und Landesebene und eine unzulässige Einschränkung der Informationsfreiheit und der Mitwirkungsmöglichkeiten der Bürgerinnen und Bürger. Dies ist mit der Novellierung im Februar 2016 endlich geheilt worden.

Schon im EU-Umweltprogramm 1987-1992, das den Weg für die fundamentale erste Richtlinie 213/1993/EWG ebnete und das als Startschuss für den voraussetzungslosen freien Zugang zu Umweltinformationen angesehen werden kann, hieß es:

«Abgesehen von der Frage der Schaffung des Rechts für den Zugang zu Informationen besteht kein Zweifel, dass eine weite Verbreitung von Informationen über die Umwelt und Umweltprobleme, Strategien und Programme sowohl die Entwicklung von erforderlichen Umweltmaßnahmen als auch deren Akzeptanz durch die Öffentlichkeit erheblich fördern kann. Zu diesem Zweck sind noch nicht genügend Maßnahmen getroffen worden, obwohl auf jeden Fall berücksichtigt werden sollte, dass eine Reihe von Mitgliedstaaten jetzt regelmäßig nationale Berichte über den ‚Zustand de Umwelt' veröffentlichen.» (2.6.3)

In erstaunlicher Offenheit bemerkt die Kommission: «Es könnte viel mehr getan werden, um die Öffentlichkeit zu informieren und sie somit auf strenge Umweltstrategien vorzubereiten.»

Das Saarland aber schränkte gegenüber dem UIG des Bundes den Zugang ein, indem es den informationspflichtigen Stellen in § 9, Abs. 1 Ablehnungsgründe an die Hand gab, die vor allem Wirtschaft und Einzelpersonen mit Blick auf den Datenschutz vor Bürgeranfragen schützten, ohne dass es sich dabei um eine «erhebliche» Einschränkung schutzwürdiger Interessen handelte. Das wurde in der Debatte des Saarländischen Landtags zu Recht sehr intensiv diskutiert.

Für die CDU-Mehrheitsfraktion im Saarländischen Landtag machte der Abgeordnete Martin Karren die Vorbehalte gegen allzu weit gehende Transparenzregeln im SUIG öffentlich. Sie sind symptomatisch für die damalige Diskussion und bestimmten in ähnlicher Weise auch die Debatte über das UIG im Deutschen Bundestag. Von den Skeptikern eines Umweltinformationsgesetzes wurden die Missbrauchsmöglichkeiten, eine angeblich ausufernde Bürokratie und die Gefahr der Lahmlegung der Behörden durch die Masse an Informationen als Argumente angeführt:

«Eine unübersehbare Flut von Informationen muss gehändelt werden. Insoweit muss man hier nicht nur das Spannungsverhältnis zwischen der informationellen Selbstbestimmung und dem Recht auf Zugang zu Informationen sehen. Es gibt noch weitere Spannungsfelder. Wir alle kennen die Diskussion über die ausufernde Bürokratie in Europa und damit natürlich auch in Deutschland. Wir kennen weiterhin die Notwendigkeit, dass unsere Verwaltungen und Organisationen schlank und gut organisiert sein müssen und nicht zusätzlich über Gebühr belastet werden sollen. In diesen

Spannungsverhältnissen eine belastbare Linie zu finden, die allem Rechnung trägt, bedeutet natürlich auch, dass ein Interessenausgleich in vielen Bereichen vorgenommen werden muss.»

Im Kern enthält diese Stellungnahme bemerkenswerte Grundeinstellungen des umweltpolitischen Sprechers der Mehrheitsfraktion im Saarländischen Landtag, die eine extrem skeptische Grundeinstellung gegenüber den europäischen Normvorgaben offenbart:

1. Es gibt ein Spannungsverhältnis zwischen dem Informationsbedürfnis der Öffentlichkeit und dem Abwehrwunsch von Verwaltungen und informationspflichtigen Stellen, die bestimmte Informationen nicht weitergeben wollen, wenn ihre Interessen betroffen sind.

2. Das Saarland will es allen Recht machen und «eine belastbare Linie [...] finden, die allem Rechnung trägt».

3. Es gibt eine «unübersehbare Flut von Informationen», die «gehändelt» werden muss. Dies

führt möglicherweise zu mehr Aufwand für Verwaltungen und Organisationen. Man will sie aber nicht zusätzlich über Gebühr belasten. Stattdessen sollen sie schlank und gut organisiert sein.

Keine dieser (aus Sicht der Verwaltungen verständlichen) Einwendungen ist mit EU-Recht vereinbar. Europa will Information, Transparenz und eine Öffnung der Kommunikationsstrukturen. Damit soll Vollzugsdefiziten begegnet und die Partizipation der Bürger verbessert werden. Auf mögliche Zusatzbelastungen von Behörden kommt es dabei nicht an. Verwaltungen können und müssen so organisiert werden, dass sie Informationen proaktiv bereitstellen, Daten aufbereiten und damit ihren Aufwand selbst minimieren. Dass es trotz aller idealistischen Ziele zu Missbrauchsmöglichkeiten kommen kann, ist nicht ausgeschlossen. Die Richtlinie 2003/4/EG erlaubt aber Ausnahmen, um dem Missbrauch vorzubeugen. Deshalb geht die Argumentation der Mehrheitsfraktion im Saarländischen Landtag ins Leere. Das gilt im übrigen auch für die Argumentation des damaligen Bundesumweltministers Klaus Töpfer bei der Einbringung des UIG in den Deutschen Bundestag.

Grenzwertig, aber nicht Richtlinien-relevant ist der Verzicht des Saarlandes auf einen eigenen Umweltzustandsbericht. Im Aarhus-Abkommen ist normiert, das die Behörden ihre Informationen auf dem neuesten Stand halten und dafür öffentlich zugängliche Listen, Register oder Dateien unterhalten müssen. Vorrangig sollten elektronische Datenbanken mit Berichten über den Zustand der Umwelt, Gesetzestexten, Plänen und Programmen der Mitgliedstaaten sowie internationalen Übereinkommen eingesetzt werden. Das Aarhus-Übereinkommen, das seit dem 30. Oktober 2001 in Kraft ist, geht von der Idee aus, dass eine stärkere Beteiligung und Sensibilisierung der Bürger in Bezug auf Umweltprobleme zu besserem Umweltschutz führt. Es zielt darauf ab, einen Beitrag zum Schutz eines jeden Menschen gegenwärtiger oder künftiger Generationen zu leisten, in einer seiner Gesundheit und seinem Wohlergehen zuträglichen Umwelt zu leben. Ob dies der Fall ist, können die Menschen im Saarland nur bedingt nachvollziehen, da es weder regelmäßige Umweltzustandsberichte noch leicht zugängliche Datenbanken mit Berichten über den Zustand der Umwelt, Plänen und Programmen sowie Analysen und Beurteilungen gibt. Dies hat sich seit 2007 nicht geändert, ist also ein relevantes Manko, das den Partizipationsgrundsätzen der Europäischen Gemeinschaften entgegensteht.

Bei der Einbringung des Gesetzes hatte die Landesregierung noch erklärt:

«Eine wesentliche Neuerung ist es hier, dass die Behörden jetzt verpflichtet werden, aktiv für die Verbreitung mit elektronischen Medien, also dem Internet, zu sorgen. Dies bedeutet, dass die informationspflichtigen Stellen Maßnahmen ergreifen, um den Zugang zu den verfügbaren Umweltinformationen zu erleichtern. Zu diesem Zweck haben wir deutschlandweit das Umweltportal Deutschland Portal U (PortalU) eingerichtet. Das ist jetzt schon zugänglich. Darüber erfolgt die eigentliche Internetumsetzung. Ich will darauf verzichten, Ihnen dieses Portal U zu erläutern, empfehle aber, dieses Portal über unsere Homepage aufzusuchen, damit Sie sehen, welche Möglichkeiten es schon heute gibt, mit denen wir der aktiven Informationspflicht Rechnung tragen.»

Da dies eine Reihe von Abgeordneten nicht überzeugte und die Einwände auch nach den Anhörungen und den Ausschussberatungen relevant blieben, sah sich der Umweltminister gezwungen, auch in der zweiten Lesung des Gesetzes zu diesem zentralen Punkt Stellung zu nehmen. Die außerordentlich große Bedeutung einer aktiven Informationspolitik des Landes wurde sehr wohl erkannt.

«Ich glaube, dass wir im Internet eine sehr gute Informationsmöglichkeit haben. Ich glaube aber nicht, dass es so ist, wie das hier versucht wurde darzustellen, dass diese Informationen schwer lesbar wären und es sich um Datenfriedhöfe handeln würde. Die Kolleginnen und Kollegen in unserem Haus und auch im LUA bemühen sich sehr, die Daten so aufzubereiten, dass sie lesbar sind und dass sie auch für den Einzelnen, der sich interessiert, aber nicht unbedingt ausgewiesener Fachmann ist, lesbar sind.

Ich rege an, dass wir uns im Umweltausschuss einmal gemeinsam das Portal U anschauen. Dann werden Sie sehen, in welchen kurzen und engen Zeitabschnitten wir die Berichte dort erneuern.

Selbstverständlich kann man dann auch darüber diskutieren, dass es an der einen oder anderen Stelle – das will ich nicht ausschließen – Ergänzungsbedarf oder Wünsche gibt, wie man die eine oder andere Verlinkung zwischen den Berichten verbessern könnte oder eine bessere Lesbarkeit herstellen kann.

Wir brauchen uns in keiner Weise mit unserer Umweltberichterstattung im Internet zu verstecken. Wenn man einmal sieht, welche Berichte elektronisch verfügbar waren, als diese Landesregierung die Regierung übernommen hat und was seither aufgebaut worden ist und was sich weiter im Aufbau befindet, dann ist das eine sehr ordentliche Bilanz. Wir haben auch den Vorteil – das will ich an dieser Stelle dann auch sagen –, dass die Berichte sehr viel aktueller sind, als wenn wir alle fünf Jahre einen relativ dicken und schwer lesbaren Bericht vorlegen würden. Wir haben unter anderem die Abfallbilanzen eingestellt, das ist schon genannt worden, wir haben die Gewässergüte im Saarland im Netz eingestellt, wir haben den Luftgütebericht eingestellt, sogar die Quartalsberichte mit Interpretationen sind dort zu lesen. Wir haben das Saarländische Bodeninformationssystem auf unterschiedlichsten Ebenen, das Thema Strahlenschutz wird dort behandelt, das Thema Umgebungslärm, Natura 2000, die Waldzustanderhebungen sind in jedem Jahr im Netz verfügbar. Und das Ganze ist dann auch noch räumlich dargestellt durch das Geografische Informationssystem. Man muss sich allerdings die Mühe machen, sich die Berichte dort auch anzuschauen. Ich glaube aber, dass das zumutbar ist.» (Mörsdorf 2007: 2536)

Das wäre alles nachvollziehbar, hätte der Minister nicht verräterische Sätze zu grundsätzlichen Vorbehalten gegen die Brüsseler Vorgehensweise geäußert. So sagte Mörsdorf mit Blick auf die EU-Umweltpolitik:

«Ich kann sagen, dass die Entwicklung der zurückliegenden Jahre in der Umweltverwaltung – nicht nur in unserer Umweltverwaltung, sondern in den Umweltverwaltungen aller Länder – mehr und mehr der ‹Brüsseler Dreikampf› ausgeübt wird: Planen, Messen, Berichten.» Das laufe auf das Prinzip «Daten statt Taten» hinaus - eine bemerkenswerte Verkürzung auf ein griffiges Schlagwort, das aber den Intentionen der Aarhus-Konvention und der EG-Umweltinformationsrichtlinie nicht annähernd entspricht. Mörsdorf fügte ein Totschlagargument hinzu: «Ich glaube, wir brauchen nicht ein Mehr an Berichten, kein Mehr an Daten, kein Mehr an Papier. Wir brauchen einfach Taten! Deshalb lautet unser Motto: Taten statt Daten. - Das ist ein Motto, das nicht nur gut für unser Land ist, sondern angesichts der Entwicklung der Europäischen Umweltpolitik auch auf europäischer Ebene gut tun würde.» (Mörsdorf 2007: 2536)

Das Bemerkenswerte an dieser Argumentation ist, dass sie falsch, ja geradzu absurd ist. Aus Brüssel kamen nicht nur die Daten, sondern auch die Taten, während die Deutschen in wesentlichen Fragen der Umweltpolitik und der Umweltinformationen sowie der Informationsfreiheit als Bremser auftraten.

Das Saarland hat fundamentale Voraussetzungen der Richtlinie 2003/4/EG und der Aarhus-Konvention bis zur Novellierung im Februar 2016 nicht in die Tat umgesetzt und erwies sich als einer der Hauptbremser in Deutschland. Dass die Bundesregierung mit einer Klage der Kommission vor dem EuGH wegen Nichtumsetzung einer Richtlinie überzogen wurde, spricht Bände und macht das Ausmaß der Defizite offenkundig. Es ist eigentlich ein Skandal, weil man die Bürgerinnen und Bürger um ihr gutes Recht gebracht hat.

Zum neuen SUIG

Grundsätzliche Vorbemerkungen

Der Saarländische Landtag hat am 24. Februar 2016 die Novellierung des Saarländischen Umweltinformationsgesetzes (SUIG) vom 12. September 2007, geändert durch das Gesetz von 26. Oktober 2010, beschlossen. Es zieht damit die Konsequenzen aus der Rechtsprechung des Europäischen Gerichtshofs (EUGH).

Zu Artikel 2 Nummer 2 der Umweltinformationsrichtlinie hat der Gerichtshof der Europäischen Union mit Urteilen vom 14. Februar 2012 (Rechtssache C-204/09) und vom 18. Juli 2013 (Rechtssache C-515/11) entschieden, wann ein Ministerium eine informationspflichtige Stelle im Sinne der Vorgaben dieser Richtlinie ist und somit zur Herausgabe von Informationen verpflichtet sein kann.

Ziel der Richtlinie ist die Gewährleistung des Zugangs zu Umweltinformationen zur Ermöglichung einer wirksamen Öffentlichkeitsbeteiligung bei umweltbezogenen Tätigkeiten und Maßnahmen.

Danach sind

- Ministerien, die an einem Gesetzgebungsverfahren beteiligt sind, nur während der Dauer dieses Verfahrens in keinem Fall zur Herausgabe von entsprechenden Informationen verpflichtet und

- Ministerien, die an einem Verfahren zum Erlass einer Rechtsverordnung beteiligt sind, auch während der Dauer dieses Verfahrens grundsätzlich zur Herausgabe von entsprechenden Informationen verpflichtet.

Hier ist die Informationspflicht der Behörden und der betroffenen Dritten im Sinne der EU-Richtlinie ausgeweitet worden.

Bisher konnten sich Ministerien, die an einem Verfahren zum Erlass einer Rechtsverordnung beteiligt waren, nach Landesrecht auf eine Ausnahmetatbestand berufen und Informationen verweigern.

Dies war allerdings europarechtswidrig, da es

nicht im Einklang mit Artikel 2 Nummer 2 der Umweltinformationsrichtlinie stand.

Zudem bestand Umsetzungsbedarf bei der Definition der Kontrolle von juristischen Personen des Privatrechts durch das Land.

Und schließlich galt ein Ausnahmetatbestand für Gemeinden und Gemeindeverbände, «soweit sie im Rahmen der Rechtsetzung tätig werden» (SUIG alt). Das war allerdings unsinnig: Gemeinden sind allenfalls satzungsrechtlich tätig, nicht «im Rahmen der Rechtsetzung». Dies ist dem Parlament und der Landesregierung vorbehalten.

Damit sind Gemeinden und Gemeindeverbände und von ihnen beauftragte Dritte ab Veröffentlichung jetzt voll informationspflichtig. Ausnahmetatbestände sind eng begrenzt und klar definiert.

Das ist für Bürgerinnen und Bürger in der Praxis von erheblicher Bedeutung. Ihre Lebenswirklichkeit ist die Kommune. Mit ihr kommen sie täglich in Berührung. Hier ist ihr Lebensmittelpunkt. Die Gemeinde prägt das Gemeinschaftsleben. Ihre Planungen und Investitionen haben Auswirkungen auf Wohnumfeld, Lärmbelastung, Lebensqualität, Umweltgüte, Klima, Atmosphäre, soziales Miteinander. Deshalb ist es von erheblicher Bedeutung, wenn die Bürgerinnen und Bürger nun grundsätzlich Anspruch auf alle Informationen haben, die umweltbezogen sind.

Umweltinformationen sind alle Daten über

- den Zustand der Umwelt,
- Luft und Atmosphäre,
- Wasser,
- Boden,
- Landschaft,
- natürliche Lebensräume,
- Feuchtgebiete,
- Küsten- und Meeresgebiete,
- die Artenvielfalt und ihre Bestandteile,
- gentechnisch veränderte Organismen,
- Stoffe,
- Energie,

- Lärm,
- Strahlung,
- Abfälle aller Art,
- Emissionen,
- Ableitungen und Freisetzungen von
- Stoffen in die Umwelt die sich auf die Umweltbestandteile im Sinne der Nr. 1 auswirken oder wahrscheinlich auswirken
- umweltpolitische Konzepte,
- umweltbezogene Rechts- und Verwaltungsvorschriften,
- umweltrelevante Abkommen,
- Umweltvereinbarungen,
- Umwelt-Pläne und Programme,
- Maßnahmen oder Tätigkeiten, die sich auf die Umweltbestandteile oder auf Umwelt-Faktoren auswirken oder wahrscheinlich auswirken,
- Berichte über die Umsetzung des Umweltrechts,
- Kosten-Nutzen-Analysen oder

- sonstige wirtschaftliche Analysen und Annahmen, die zur Vorbereitung oder Durchführung von Maßnahmen oder Tätigkeiten im Sinne der Nr. 3 verwendet werden,
- den Zustand der menschlichen Gesundheit und Sicherheit, die Lebensbedingungen des Menschen sowie Kulturstätten und Bauwerke, soweit sie jeweils vom Zustand der Umweltbestandteile oder von Faktoren, Maßnahmen oder Tätigkeiten mit Umweltauswirkungen betroffen sind oder sein können; hierzu gehört auch die Kontamination der Lebensmittelkette.

Für Anspruchsberechtigte – und das ist praktisch jedermann ohne Nachweis eines rechtlichen Interesses – ist das SUIG in Verbindung mit dem UIG des Bundes eine starke Waffe, deren Schlagkraft nicht hoch genug eingeschätzt werden kann, auch wenn sie noch vergleichsweise selten eingesetzt wird.

Letztlich geht es um ein Grundrecht: zu wissen, wer oder was die Erde und die Umwelt ausbeutet, schädigt, nutzt und die Gesundheit der Menschen gefährdet.

Aufbau und Gliederung des Gesetzes

Das SUIG ist in fünf Abschnitte gegliedert:

- Abschnitt 1: Allgemeine Bestimmungen
- Abschnitt 2: Informationszugang auf Antrag
- Abschnitt 3: Ablehnungsgründe
- Abschnitt 4: Verbreitung von Umweltinformationen
- Abschnitt 5: Schlussvorschriften.

Mit lediglich 13 Paragraphen ist das saarländische Umweltinformationsgesetz kurz und übersichtlich. Es orientiert sich stark am UIG des Bundes und an der Umweltinformationsrichtlinie 2003/4/EG.

Zentrale Regelungen enthalten die Abschnitte 2 bis 4.

Das SUIG ist nicht nur ein Informationszugangsgesetz, es ist auch ein Informations-Verbreitungsgesetz. Öffentlichkeitsarbeit und Öffentlichkeitsbeteiligung der Behörden sind ausdrücklich erwünscht, Verwaltungen und Institutionen sollen sich bewegen und aktiv Umweltthemen kommunizieren. Zivilgesellschaftliche Partizipation und Transparenz der Behörden sind zentrale normative Ziele.

Aus vertraulichen Verschlusssachen der öffentlichen Hand werden gläserne Akten, sofern nicht Sicherheitsinteressen des Staates Betriebsgeheimnisse oder Steuergeheimnisse oder schützenswerte private Daten betroffen sind. Es gibt auch Ablehnungsgründe, die aber eng begrenzt sind.

Grundgelegt sind die drei Essentials in der Aarhus-Konvention (auch: Aarhus-Abkommen), der Magna Charta der Umweltinformationsfreiheit.

Die Aarhus-Konvention setzt sich inhaltlich aus drei „Säulen" zusammen:

- dem möglichst freien Zugang zu Umweltinformationen (Art. 4),
- der Öffentlichkeitsbeteiligung an Entscheidungsverfahren (Art. 6 - 8) und

- dem Zugang zu Gerichten in Umweltangelegenheiten (Art. 9).

Die Aarhus-Konvention hat erstmals der Öffentlichkeit von Umweltinformationen eine politische Steuerungsfunktion im Sinne der Bürgerinnen und Bürger zuerkannt.

Gesundheit, Wohlbefinden, Umweltschutz, Nachhaltigkeit, Generationengerechtigkeit – das sind die übergeordneten Ziele der Konvention.

Die Bürger sollen bereits an der Entscheidungsfindung teilhaben, um eine Transparenz und Kontrolle von politischen Entscheidungen zu erreichen, die Umweltrelevanz haben.

Das können auch wirtschaftliche und Investitionsentscheidungen sein.

Der Begriff der Umweltinformationen ist sehr weit gefasst – von konkreten Plänen und Projekten über Emissionsdaten bis hin zu Kosten-Nutzen-Berechnungen, die zur Vorbereitung umweltrelevanter Entscheidungen ange-stellt werden. Außerdem soll durch das Öffentlichkeitsprinzip das Umweltbewusstsein der Bürger geschärft werden.

Die von den Mitgliedstaaten der Europäischen Union betriebene Umweltpolitik soll effektiver werden.

Dies ist kein Selbstzweck.

Öffentlichkeit übernimmt im Sinne der Aarhus-Konvention eine Steuerungsfunktion für Verwaltung und Politik. Es sollen Commitment geschaffen, Compliance garantiert werden. Statt Geheimabsprachen sollen Transparenz und Partizipation die lokale und regionale sowie die überregionale Politik- und Verwaltungspraxis bei Umweltfragen prägen.

Das ist ein geradezu revolutionärer Ansatz, vor allem für das hierarchisch geprägte deutsche Verwaltungsverständnis. Ebenso revolutionär ist an Konvention und EU-Richtlinie, dass auch private Dritte informationspflichtig sind, wenn sie Dienstleister für die öffentliche Hand im Umweltsektor sind.

Dass die Wirtschaft gegen diese Regelungen Sturm gelaufen ist, wundert nicht, geht es doch z.T. um erhebliche Interessenkonflikte zwischen Öffentlichkeit und Wirtschaft.

Inhaltsübersicht

Die Inhaltsübersicht macht den einfachen Aufbau des SUIG deutlich:

Abschnitt 1 Allgemeine Bestimmungen

§ 1 Zweck des Gesetzes; Anwendungsbereich

§ 2 Begriffsbestimmungen

Abschnitt 2 Informationszugang auf Antrag

§ 3 Anspruch auf Zugang zu Umweltinformationen

§ 4 Antrag und Verfahren

§ 5 Ablehnung des Antrags

§ 6 Rechtsschutz

§ 7 Unterstützung des Zugangs zu Umweltinformationen

Abschnitt 3 Ablehnungsgründe

§ 8 Schutz öffentlicher Belange

§ 9 Schutz sonstiger Belange

Abschnitt 4 Verbreitung von Umweltinformationen

§ 10 Unterrichtung der Öffentlichkeit

Abschnitt 5 Schlussvorschriften

§ 11 Kosten

§ 12 Überwachung

§ 13 Ordnungswidrigkeiten

Anspruchsgrundlage

Anspruchsgrundlage für Informationsbegehren ist § 3 Abs. 1 Satz 1 SUIG. Danach hat jede Person nach Maßgabe dieses Gesetzes Anspruch auf freien Zugang zu Umweltinformationen, über die eine informationspflichtige Stelle im Sinne des § 2 Abs. 1 verfügt, ohne ein rechtliches Interesse darlegen zu müssen. Die Informationsgewährung erfolgt auf Antrag.

Nach der Rechtsprechung des Bundesverwaltungsgerichts können natürliche und juristische Personen zum Kreis der Anspruchsberechtigten gehören. Das gilt auch für Kommunen, soweit sie sich in einer mit dem „Jedermann" vergleichbaren Informationslage gegenüber der informationspflichtigen Stelle befinden. (Urteil des OVG Berlin-Brandenburg v. 28.1.2015, OVG 12 B 13.13).

Landesrecht Saarland

Saarländisches Umweltinformationsgesetz (SUIG)

(Art. 1 des Gesetzes Nr. 1629) vom 12. September 2007

geändert durch das Gesetz vom 24. Februar 2016 (Amtsbl. I S. 272).

Abschnitt 1
Allgemeine Vorschriften

§ 1

Zweck des Gesetzes; Anwendungsbereich

(1) Zweck dieses Gesetzes ist es, den rechtlichen Rahmen für den freien Zugang zu Umweltinformationen bei informationspflichtigen Stellen sowie für die Verbreitung dieser Umweltinformationen zu schaffen.

(2) Dieses Gesetz gilt für informationspflichtige Stellen des Landes, der landesunmittelbaren juristischen Personen des öffentlichen Rechts, der Gemeinden und Gemeindeverbände sowie für private informationspflichtige Stellen, die der Kontrolle des Landes, einer unter der Aufsicht des Landes stehenden juristischen Person des öffentlichen Rechts, oder einer Gemeinde oder eines Gemeindeverbandes unterliegen.

§ 2

Begriffsbestimmungen

(1) Informationspflichtige Stellen sind

1. die Landesregierung und andere Stellen der öffentlichen Verwaltung. Öffentliche Gremien, die diese Stellen beraten, gelten als Teil der Stelle, die deren Mitglieder beruft.

2. natürliche oder juristische Personen des Privatrechts, soweit sie öffentliche Aufgaben wahrnehmen oder öffentliche Dienstleistungen erbringen, die im Zusammenhang mit der Umwelt stehen, insbesondere solche der umweltbezogenen Daseinsvorsorge, und dabei der Kontrolle des Landes oder einer unter seiner Aufsicht stehenden juristischen Person des öffentlichen Rechts oder der Kontrolle der Gemeinden und Gemeindeverbände unterliegen.

Zu den informationspflichtigen Stellen gehören nicht

1. die obersten Landesbehörden, soweit und solange sie im Rahmen der Gesetzgebung tätig werden,

2. Gerichte des Landes, soweit sie nicht Aufgaben der öffentlichen Verwaltung wahrnehmen.

(2) Kontrolle im Sinne des Absatzes 1 Nr. 2 liegt vor, wenn

1. die Person des Privatrechts bei der Wahrnehmung der öffentlichen Aufgabe oder bei der Erbringung der öffentlichen Dienstleistung gegenüber Dritten besonderen Pflichten unterliegt oder über besondere Rechte verfügt, insbesondere ein Kontrahierungszwang oder ein Anschluss- und Benutzungszwang besteht, oder

2. eine oder mehrere der in Abs. 1 Satz 1 Nr. 2 genannten juristischen Personen des öffentlichen Rechts allein oder zusammen, unmittelbar oder mittelbar

a) die Mehrheit des gezeichneten Kapitals des Unternehmens besitzen,

b) über die Mehrheit der mit den Anteilen des Unternehmens verbundenen Stimmrechte verfügen oder

c) mehr als die Hälfte der Mitglieder des Verwaltungs-, Leitungs- oder Aufsichtsorgans des Unternehmens bestellen können,

3. mehrere juristische Personen des öffentlichen Rechts zusammen unmittelbar oder mittelbar über eine Mehrheit im Sinne der Nummer 2 Buchstabe a bis c verfügen und der zumindest hälftige Anteil an dieser Mehrheit den in Absatz 1 Nummer 2 genannten juristischen Personen des öffentlichen Rechts zuzuordnen ist.

(3) Umweltinformationen sind unabhängig von der Art ihrer Speicherung alle Daten über

1. den Zustand von Umweltbestandteilen wie Luft und Atmosphäre, Wasser, Boden, Landschaft und natürliche Lebensräume einschließlich Feuchtgebiete, Küsten- und Meeresgebiete, die Artenvielfalt und ihre Bestandteile, einschließlich gentechnisch veränderter Organismen, sowie die Wechselwirkungen zwischen diesen Bestandteilen;

2. Faktoren, wie Stoffe, Energie, Lärm und Strahlung, Abfälle aller Art sowie Emissionen, Ableitungen und sonstige Freisetzungen von Stoffen in die Umwelt, die sich auf die Umweltbestandteile im Sinne der Nr. 1 auswirken oder wahrscheinlich auswirken;

3. Maßnahmen oder Tätigkeiten, die

a) sich auf die Umweltbestandteile im Sinne der Nr. 1 oder auf Faktoren im Sinne der Nr. 2 auswirken oder wahrscheinlich auswirken oder

b) den Schutz von Umweltbestandteilen im Sinne der Nr. 1 bezwecken; zu den Maßnahmen gehören auch politische Konzepte, Rechts- und Verwaltungsvorschriften, Abkommen, Umweltvereinbarungen, Pläne und Programme;

4. Berichte über die Umsetzung des Umweltrechts;

5. Kosten-Nutzen-Analysen oder sonstige wirtschaftliche Analysen und Annahmen, die zur Vorbereitung oder Durchführung von Maßnahmen oder Tätigkeiten im Sinne der Nr. 3 verwendet werden, und

6. den Zustand der menschlichen Gesundheit und Sicherheit, die Lebensbedingungen des Menschen sowie Kulturstätten und Bauwerke, soweit sie jeweils vom Zustand der Umweltbestandteile im Sinne der Nr. 1 oder von Faktoren, Maßnahmen oder Tätigkeiten im Sinne der Nrn. 2 und 3 betroffen sind oder sein können; hierzu gehört auch die Kontamination der Lebensmittelkette.

(4) Eine informationspflichtige Stelle verfügt über Umweltinformationen, wenn diese bei ihr vorhanden sind oder für sie bereitgehalten werden. Ein Bereithalten liegt vor, wenn eine natürliche oder juristische Person, die selbst nicht informationspflichtige Stelle ist, Umweltinformationen für eine informationspflichtige Stelle im Sinne des Absatzes 1 aufbewahrt, auf die diese Stelle einen Übermittlungsanspruch hat.

Abschnitt 2
Informationszugang auf Antrag

§ 3

Anspruch auf Zugang zu Umweltinformationen

(1) Jede Person hat nach Maßgabe dieses Gesetzes Anspruch auf freien Zugang zu Umweltinformationen, über die eine informationspflichtige Stelle im Sinne des § 2 Abs. 1 verfügt, ohne ein rechtliches Interesse darlegen zu müssen. Daneben bleiben andere Ansprüche auf Zugang zu Informationen unberührt.

(2) Der Zugang kann durch Auskunftserteilung, Gewährung von Akteneinsicht oder in sonstiger Weise eröffnet werden. Wird eine bestimmte Art des Informationszugangs beantragt, so darf dieser nur aus gewichtigen Gründen auf andere Art eröffnet werden. Als gewichtiger Grund gilt insbesondere ein deutlich höherer Verwaltungsaufwand. Soweit Umweltinformationen der Antrag stellenden

Person bereits auf andere, leicht zugängliche Art, insbesondere durch Verbreitung nach § 10, zur Verfügung stehen, kann die informationspflichtige Stelle die Person auf diese Art des Informationszugangs verweisen.

(3) Soweit ein Anspruch nach Abs. 1 besteht, sind die Umweltinformationen der Antrag stellenden Person unter Berücksichtigung etwaiger von ihr angegebenen Zeitpunkte, spätestens jedoch mit Ablauf der Frist nach Satz 2 Nr. 1 oder 2 zugänglich zu machen. Die Frist beginnt mit Eingang des Antrags bei der informationspflichtigen Stelle, die über die Informationen verfügt, und endet

1. mit Ablauf eines Monats oder

2. mit Ablauf von zwei Monaten, soweit Umweltinformationen derart umfangreich und komplex sind, dass die in Nr. 1 genannte Frist nicht eingehalten werden kann.

§ 4

Antrag und Verfahren

(1) Umweltinformationen werden von einer informationspflichtigen Stelle auf Antrag zugänglich gemacht.

(2) Der Antrag muss erkennen lassen, zu welchen Umweltinformationen der Zugang gewünscht wird. Ist der Antrag zu unbestimmt, so ist der Antrag stellenden Person dies innerhalb eines Monats mitzuteilen und Gelegenheit zur Präzisierung des Antrags zu geben. Kommt die Antrag stellende Person der Aufforderung zur Präzisierung nach, beginnt der Lauf der Frist zur Beantwortung von Anträgen erneut. Die Informationssuchenden sind bei der Stellung und Präzisierung von Anträgen zu unterstützen.

(3) Wird der Antrag bei einer informationspflichtigen Stelle gestellt, die nicht über die Umweltinformationen verfügt, leitet sie den Antrag an die über die begehrten Informationen verfügende informationspflichtige Stelle weiter, wenn ihr diese

bekannt ist, und unterrichtet die Antrag stellende Person hierüber. Anstelle der Weiterleitung des Antrags kann sie die Antrag stellende Person auch auf andere ihr bekannte informationspflichtige Stellen hinweisen, die über die Informationen verfügen.

(4) Wird eine andere als die beantragte Art des Informationszugangs im Sinne von § 3 Abs. 2 eröffnet, ist dies innerhalb der Frist nach § 3 Abs. 3 Satz 2 Nr. 1 unter Angabe der Gründe mitzuteilen.

(5) Über die Geltung der längeren Frist nach § 3 Abs. 3 Satz 2 Nr. 2 ist die Antrag stellende Person spätestens mit Ablauf der Frist nach § 3 Abs. 3 Satz 2 Nr. 1 unter Angabe der Gründe zu unterrichten.

§ 5

Ablehnung des Antrags

(1) Wird der Antrag ganz oder teilweise nach den §§ 8 und 9 abgelehnt, ist die Antrag stellende Person innerhalb der Fristen nach § 3 Abs. 3 Satz 2 hierüber zu unterrichten.

Eine Ablehnung liegt auch dann vor, wenn nach § 3 Abs. 2 der Informationszugang auf andere Art gewährt oder die Antrag stellende Person auf eine andere Art des Informationszugangs verwiesen wird. Der Antrag stellenden Person sind die Gründe für die Ablehnung mitzuteilen; in den Fällen des§ 8 Abs. 2 Nr. 4 ist darüber hinaus die Stelle, die das Material vorbereitet, sowie der voraussichtliche Zeitpunkt der Fertigstellung mitzuteilen.

§ 39 Abs. 2 des Saarländischen Verwaltungsverfahrensgesetzes vom 15. Dezember 1976 (Amtsbl. Seite 1151), zuletzt geändert durch Gesetz vom 8. Oktober 2003 (Amtsbl. Seite 2874), in der jeweils geltenden Fassung, findet keine Anwendung.

(2) Wenn der Antrag schriftlich gestellt wurde oder die Antrag stellende Person dies begehrt, erfolgt die Ablehnung in schriftlicher Form. Sie ist auf Verlangen der Antrag stellenden Person in elektronischer Form mitzuteilen, wenn der Zugang hierfür eröffnet ist.

(3) Liegt ein Ablehnungsgrund nach § 8 oder § 9 vor, sind die hiervon nicht betroffenen Informationen zugänglich zu machen, soweit es möglich ist, die betroffenen Informationen auszusondern.

(4) Die Antrag stellende Person ist im Falle der vollständigen oder teilweisen Ablehnung eines Antrags auch über die Rechtsschutzmöglichkeiten gegen die Entscheidung sowie darüber zu belehren, bei welcher Stelle und innerhalb welcher Frist um Rechtsschutz nachgesucht werden kann.

§ 6

Rechtsschutz

(1) Für Streitigkeiten nach diesem Gesetz ist der Verwaltungsrechtsweg gegeben.

(2) Gegen die Entscheidung durch eine Stelle der öffentlichen Verwaltung im Sinne des § 2 Abs. 1 Satz 1 Nr. 1 ist ein Widerspruchsverfahren nach den §§ 68 bis 73 der Verwaltungsgerichtsordnung auch dann durchzuführen, wenn die Entscheidung von einer obersten Landesbehörde getroffen worden ist.

(3) Ist die Antrag stellende Person der Auffassung, dass eine informationspflichtige Stelle im Sinne des § 2 Abs. 1 Satz 1 Nr. 2 den Antrag nicht vollständig erfüllt hat, kann sie die Entscheidung der informationspflichtigen Stelle nach Abs. 4 überprüfen lassen. Die Überprüfung ist nicht Voraussetzung für die Erhebung der Klage nach Abs. 1. Eine Klage gegen die zuständige Stelle nach § 12 Abs. 1 ist ausgeschlossen.

(4) Der Anspruch auf nochmalige Prüfung ist gegenüber der informationspflichtigen Stelle im Sinne des § 2 Abs. 1 Nr. 2 innerhalb eines Monats, nachdem diese Stelle mitgeteilt hat, dass der Anspruch nicht oder nicht vollständig erfüllt werden kann, schriftlich geltend zu machen. Die informationspflichtige Stelle hat der Antrag stellenden Person das Ergebnis ihrer nochmaligen Prüfung innerhalb eines Monats zu übermitteln.

§ 7

Unterstützung des Zugangs zu Umweltinformationen

(1) Die informationspflichtigen Stellen ergreifen Maßnahmen, um den Zugang zu den bei ihnen verfügbaren Umweltinformationen zu erleichtern. Zu diesem Zweck wirken sie darauf hin, dass Umweltinformationen, über die sie verfügen, zunehmend in elektronischen Datenbanken oder in sonstigen Formaten gespeichert werden, die über Mittel der elektronischen Kommunikation abrufbar sind.

(2) Die informationspflichtigen Stellen treffen praktische Vorkehrungen zur Erleichterung des Informationszugangs, beispielsweise durch

1. die Benennung von Auskunftspersonen oder Informationsstellen,

2. die Veröffentlichung von Verzeichnissen über verfügbare Umweltinformationen,

3. die Einrichtung öffentlich zugänglicher Informationsnetze und Datenbanken oder

4. die Veröffentlichung von Informationen über behördliche Zuständigkeiten.

(3) Soweit möglich, gewährleisten die informationspflichtigen Stellen, dass alle Umweltinformationen, die von ihnen oder für sie zusammengestellt werden, auf dem gegenwärtigen Stand, exakt und vergleichbar sind.

Abschnitt 3

Ablehnungsgründe

§ 8

Schutz öffentlicher Belange

(1) Soweit das Bekanntgeben der Informationen nachteilige Auswirkungen hätte auf

1. die internationalen Beziehungen, die Verteidigung oder bedeutsame Schutzgüter der öffentlichen Sicherheit,

2. die Vertraulichkeit der Beratungen von informationspflichtigen Stellen im Sinne des § 2 Abs. 1,

3. die Durchführung eines laufenden Gerichtsverfahrens, den Anspruch einer Person auf ein faires Verfahren oder die Durchführung strafrechtlicher, ordnungswidrigkeitsrechtlicher oder disziplinarrechtlicher Ermittlungen oder

4. den Zustand der Umwelt und ihrer Bestandteile im Sinne des § 2 Abs. 3 Nr. 1 oder Schutzgüter im Sinne des § 2 Abs. 3 Nr. 6,

ist der Antrag abzulehnen, es sei denn, das öffentliche Interesse an der Bekanntgabe überwiegt. Der Zugang zu Umweltinformationen über Emissionen kann nicht unter Berufung auf die in Satz 1 Nrn. 2 und 4 genannten Gründe abgelehnt werden.

(2) Soweit ein Antrag

1. offensichtlich missbräuchlich gestellt wurde,

2. sich auf interne Mitteilungen der informationspflichtigen Stellen im Sinne des § 2 Abs. 1 bezieht,

3. bei einer Stelle, die nicht über die Umweltinformationen verfügt, gestellt wird, sofern er nicht nach § 4 Abs. 3 weitergeleitet werden kann,

4. sich auf die Zugänglichmachung von Material, das gerade vervollständigt wird, noch nicht abgeschlossener Schriftstücke oder noch nicht aufbereiteter Daten bezieht oder

5. zu unbestimmt ist und auf Aufforderung der informationspflichtigen Stelle nach § 4 Abs. 2 nicht innerhalb einer angemessenen Frist präzisiert wird,

ist er abzulehnen, es sei denn, das öffentliche Interesse an der Bekanntgabe überwiegt.

§ 9

Schutz sonstiger Belange

(1) Soweit

1. durch das Bekanntgeben der Informationen personenbezogene Daten offenbart und dadurch Interessen der Betroffenen beeinträchtigt würden,

2. Rechte am geistigen Eigentum, insbesondere Urheberrechte, durch das Zugänglichmachen von Umweltinformationen verletzt würden oder

3. durch das Bekanntgeben Betriebs- oder Geschäftsgeheimnisse zugänglich gemacht würden oder die Informationen dem Steuergeheimnis oder dem Statistikgeheimnis unterliegen,

ist der Antrag abzulehnen, es sei denn, die Betroffenen haben zugestimmt oder das öffentliche Interesse an der Bekanntgabe überwiegt. Der Zugang zu Umweltinformationen über Emissionen kann nicht unter Berufung auf die in Satz 1 Nrn. 1 und 3 genannten Gründe abgelehnt werden. Vor der

Entscheidung über die Offenbarung der durch Satz 1 Nr. 1 bis 3 geschützten Informationen sind die Betroffenen anzuhören. Die informationspflichtige Stelle hat in der Regel von einer Betroffenheit im Sinne des Satzes 1 Nr. 3 auszugehen, soweit übermittelte Informationen als Betriebs- und Geschäftsgeheimnisse gekennzeichnet sind. Soweit die informationspflichtige Stelle dies verlangt, haben mögliche Betroffene im Einzelnen darzulegen, dass ein Betriebs- oder Geschäftsgeheimnis vorliegt.

(2) Umweltinformationen, die private Dritte einer informationspflichtigen Stelle übermittelt haben, ohne rechtlich dazu verpflichtet zu sein oder rechtlich verpflichtet werden zu können, und deren Offenbarung nachteilige Auswirkungen auf die Interessen der Dritten hätte, dürfen ohne deren Einwilligung anderen nicht zugänglich gemacht werden, es sei denn, das öffentliche Interesse an der Bekannt-gabe überwiegt. Der Zugang zu Umweltinformationen über Emissionen kann nicht unter Berufung auf die in Satz 1 genannten Gründe abgelehnt werden.

Abschnitt 4
Verbreitung von Umweltinformationen

§ 10

Unterrichtung der Öffentlichkeit

(1) Die informationspflichtigen Stellen unterrichten die Öffentlichkeit in angemessenem Umfang aktiv und systematisch über die Umwelt. In diesem Rahmen verbreiten sie Umweltinformationen, die für ihre Aufgaben von Bedeutung sind und über die sie verfügen.

(2) Zu den zu verbreitenden Umweltinformationen gehören zumindest:

1. der Wortlaut von völkerrechtlichen Verträgen, das von den Organen der Europäischen Gemeinschaften erlassene Gemeinschaftsrecht sowie Rechtsvorschriften von Bund, Ländern oder Kommunen über die Umwelt oder mit Bezug zur Umwelt;

2. politische Konzepte sowie Pläne und Programme mit Bezug zur Umwelt;

3. Berichte über den Stand der Umsetzung von Rechtsvorschriften sowie Konzepten, Plänen und Programmen nach den Nrn. 1 und 2, sofern solche Berichte von den jeweiligen informationspflichtigen Stellen in elektronischer Form ausgearbeitet worden sind oder bereitgehalten werden;

4. Daten oder Zusammenfassungen von Daten aus der Überwachung von Tätigkeiten, die sich auf die Umwelt auswirken oder wahrscheinlich auswirken;

5. Zulassungsentscheidungen, die erhebliche Auswirkungen auf die Umwelt haben, und Umweltvereinbarungen, sowie

6. zusammenfassende Darstellung und Bewertung der Umweltauswirkungen nach den §§ 11 und 12 des Gesetzes über die Umweltverträglichkeitsprüfung in der Fassung der Bekanntmachung vom 25. Juni 2005 (BGBl. I Seite 1757), zuletzt geändert durch Artikel 2 des Gesetzes vom 21. Dezember 2006 (BGBl. I Seite 3316), und Risikobewertungen im Hinblick auf Umweltbestandteile nach § 2 Abs. 3 Nr. 1.

In Fällen des Satzes 1 Nr. 5 und 6 genügt zur Verbreitung die Angabe, wo solche Informationen zugänglich sind oder gefunden werden können. Die veröffentlichten Umweltinformationen werden in angemessenen Abständen aktualisiert.

(3) Die Verbreitung von Umweltinformationen soll in für die Öffentlichkeit verständlicher Darstellung und leicht zugänglichen Formaten erfolgen. Hierzu sollen, soweit vorhanden, elektronische Kommunikationsmittel verwendet werden. Satz 2 gilt nicht für Umweltinformationen, die vor Inkrafttreten dieses Gesetzes angefallen sind, es sei denn, sie liegen bereits in elektronischer Form vor.

(4) Die Anforderungen an die Unterrichtung der Öffentlichkeit nach den Absätzen 1 und 2 können auch dadurch erfüllt werden, dass Verknüpfungen zu Internet-Seiten eingerichtet werden, auf denen die zu verbreitenden Umweltinformationen zu finden sind.

(5) Im Fall einer unmittelbaren Bedrohung der menschlichen Gesundheit oder der Umwelt haben die informationspflichtigen Stellen sämtliche Informationen, über die sie verfügen und die es der

eventuell betroffenen Öffentlichkeit ermöglichen könnten, Maßnahmen zur Abwendung oder Begrenzung von Schäden infolge dieser Bedrohung zu ergreifen, unmittelbar und unverzüglich zu verbreiten; dies gilt unabhängig davon, ob diese Folge menschlicher Tätigkeit oder einer natürlichen Ursache ist. Verfügen mehrere informationspflichtige Stellen über solche Informationen, sollen sie sich bei deren Verbreitung abstimmen.

(6) § 7 Abs. 1 und 3 sowie die §§ 8 und 9 finden entsprechende Anwendung.

(7) Die Wahrnehmung der Aufgaben des § 10 kann auf bestimmte Stellen der öffentlichen Verwaltung oder private Stellen übertragen werden.

Abschnitt 5
Schlussvorschriften

§ 11

Kosten

(1) Für die Übermittlung von Informationen auf Grund dieses Gesetzes werden Kosten (Gebühren und Auslagen) erhoben. Dies gilt nicht für die Erteilung mündlicher und einfacher schriftlicher Auskünfte, die Einsichtnahme in Umweltinformationen vor Ort, Maßnahmen und Vorkehrungen nach § 7 Abs. 1 und 2 sowie die Unterrichtung der Öffentlichkeit nach § 10.

(2) Die Gebühren sind auch unter Berücksichtigung des Verwaltungsaufwandes so zu bemessen, dass der Informationsanspruch nach § 3 Abs. 1 wirksam in Anspruch genommen werden kann.

(3) Private informationspflichtige Stellen im Sinne des § 2 Abs. 1 Satz 1 Nr. 2 können für die Übermittlung von Informationen nach diesem Gesetz von der Antrag stellenden Person Kostenerstat-

tung entsprechend den Grundsätzen nach den Absätzen 1 und 2 verlangen. Die Höhe der erstattungsfähigen Kosten bemisst sich nach den in Nr. 665 des Allgemeinen Gebührenverzeichnis in der Fassung der Bekanntmachung vom 29. Februar 1984 (Amtsbl. Seite 381), zuletzt geändert durch Verordnung vom 27. März 2007 (Amtsbl. Seite 826), festgelegten Kostensätzen für Amtshandlungen von informationspflichtigen Stellen des Landes und der landesunmittelbaren juristischen Personen des öffentlichen Rechts.

§ 12

Überwachung

(1) Die zuständigen Stellen der öffentlichen Verwaltung, die die Kontrolle im Sinne des § 2 Abs. 2 für das Land oder eine unter der Aufsicht des Landes stehende juristische Person des öffentlichen Rechts ausüben, überwachen die Einhaltung dieses Gesetzes durch private informationspflichtige Stellen im Sinne des § 2 Abs. 1 Satz 1 Nr. 2.

(2) Die informationspflichtigen Stellen nach § 2 Abs. 1 Nr. 2 haben den zuständigen Stellen auf Verlangen alle Informationen herauszugeben, die die Stellen zur Wahrnehmung ihrer Aufgaben nach Abs. 1 benötigen.

(3) Die nach Abs. 1 zuständigen Stellen können gegenüber den informationspflichtigen Stellen nach § 2 Abs. 1 Nr. 2 die zur Einhaltung und Durchführung dieses Gesetzes erforderlichen Maßnahmen ergreifen oder Anordnungen treffen.

(4) Die Landesregierung wird ermächtigt, durch Rechtsverordnung, die Aufgaben nach den Absätzen 1 bis 3 abweichend von Abs. 1 auf andere Stellen der öffentlichen Verwaltung zu übertragen.

§ 13

Ordnungswidrigkeiten

(1) Ordnungswidrig handelt, wer vorsätzlich oder fahrlässig einer vollziehbaren Anordnung nach § 12 Abs. 3 zuwiderhandelt.

(2) Die Ordnungswidrigkeit nach Abs. 1 kann mit einer Geldbuße bis zu zehntausend Euro geahndet werden.

Bundesrecht

Umweltinformationsgesetz (UIG)

„Umweltinformationsgesetz in der Fassung der Bekanntmachung vom 27. Oktober 2014 (BGBl. I S. 1643)"

Das Gesetz wurde als Artikel 1 des Gesetzes v. 22.12.2004 I 3704 vom Bundestag beschlossen. Es ist gem. Art. 9 Abs. 1 am 14.2.2005 in Kraft getreten.

Abschnitt 1
Allgemeine Vorschriften

§ 1 Zweck des Gesetzes; Anwendungsbereich

(1) Zweck dieses Gesetzes ist es, den rechtlichen Rahmen für den freien Zugang zu Umweltinformationen bei informationspflichtigen Stellen sowie für die Verbreitung dieser Umweltinformationen zu schaffen.

(2) Dieses Gesetz gilt für informationspflichtige Stellen des Bundes und der bundesunmittelbaren juristischen Personen des öffentlichen Rechts.

§ 2 Begriffsbestimmungen

(1) Informationspflichtige Stellen sind

1. die Regierung und andere Stellen der öffentlichen Verwaltung. Gremien, die diese Stellen beraten, gelten als Teil der Stelle, die deren Mitglieder beruft. Zu den informationspflichtigen Stellen gehören nicht

a) die obersten Bundesbehörden, soweit und solange sie im Rahmen der Gesetzgebung tätig werden, und

b) Gerichte des Bundes, soweit sie nicht Aufgaben der öffentlichen Verwaltung wahrnehmen;

2. natürliche oder juristische Personen des Privatrechts, soweit sie öffentliche Aufgaben wahrnehmen oder öffentliche Dienstleistungen erbringen, die im Zusammenhang mit der Umwelt stehen, insbesondere solche der umweltbezogenen Daseinsvorsorge, und dabei der Kontrolle des Bundes oder einer unter der Aufsicht des Bundes stehenden juristischen Person des öffentlichen Rechts unterliegen.

(2) Kontrolle im Sinne des Absatzes 1 Nummer 2 liegt vor, wenn

1. die Person des Privatrechts bei der Wahrnehmung der öffentlichen Aufgabe oder bei der Erbringung der öffentlichen Dienstleistung gegenüber Dritten besonderen Pflichten unterliegt oder über besondere Rechte verfügt, insbesondere ein Kontrahierungszwang oder ein Anschluss- und Benutzungszwang besteht, oder

2. eine oder mehrere der in Absatz 1 Nummer 2 genannten juristischen Personen des öffentlichen Rechts allein oder zusammen, unmittelbar oder mittelbar

a) die Mehrheit des gezeichneten Kapitals des Unternehmens besitzen,

b) über die Mehrheit der mit den Anteilen des Unternehmens verbundenen Stimmrechte verfügen oder

c) mehr als die Hälfte der Mitglieder des Verwaltungs-, Leitungs- oder Aufsichtsorgans des Unternehmens bestellen können, oder

3. mehrere juristische Personen des öffentlichen Rechts zusammen unmittelbar oder mittelbar über eine Mehrheit im Sinne der Nummer 2 Buchstabe a bis c verfügen und der überwiegende Anteil an dieser Mehrheit den in Absatz 1 Nummer 2 genannten juristischen Personen des öffentlichen Rechts zuzuordnen ist.

(3) Umweltinformationen sind unabhängig von der Art ihrer Speicherung alle Daten über

1. den Zustand von Umweltbestandteilen wie Luft und Atmosphäre, Wasser, Boden, Landschaft und natürliche Lebensräume einschließlich Feuchtgebiete, Küsten- und Meeresgebiete, die Artenvielfalt und ihre Bestandteile, einschließlich gentechnisch veränderter Organismen, sowie die Wechselwirkungen zwischen diesen Bestandteilen;

2. Faktoren wie Stoffe, Energie, Lärm und Strahlung, Abfälle aller Art sowie Emissionen, Ableitungen und sonstige Freisetzungen von Stoffen in die Umwelt, die sich auf die Umweltbestandteile im Sinne der Nummer 1 auswirken oder wahrscheinlich auswirken;

3. Maßnahmen oder Tätigkeiten, die

a) sich auf die Umweltbestandteile im Sinne der Nummer 1 oder auf Faktoren im Sinne der Nummer 2 auswirken oder wahrscheinlich auswirken oder

b) den Schutz von Umweltbestandteilen im Sinne der Nummer 1 bezwecken; zu den Maßnahmen gehören auch politische Konzepte, Rechts- und Verwaltungsvorschriften, Abkommen, Umweltvereinbarungen, Pläne und Programme;

4. Berichte über die Umsetzung des Umweltrechts;

5. Kosten-Nutzen-Analysen oder sonstige wirtschaftliche Analysen und Annahmen, die zur Vorbereitung oder Durchführung von Maßnahmen oder Tätigkeiten im Sinne der Nummer 3 verwendet werden, und

6. den Zustand der menschlichen Gesundheit und Sicherheit, die Lebensbedingungen des Menschen sowie Kulturstätten und Bauwerke, soweit sie jeweils vom Zustand der Umweltbestandteile im Sinne der Nummer 1 oder von Faktoren, Maßnahmen

oder Tätigkeiten im Sinne der Nummern 2 und 3 betroffen sind oder sein können; hierzu gehört auch die Kontamination der Lebensmittelkette.

(4) Eine informationspflichtige Stelle verfügt über Umweltinformationen, wenn diese bei ihr vorhanden sind oder für sie bereitgehalten werden. Ein Bereithalten liegt vor, wenn eine natürliche oder juristische Person, die selbst nicht informationspflichtige Stelle ist, Umweltinformationen für eine informationspflichtige Stelle im Sinne des Absatzes 1 aufbewahrt, auf die diese Stelle einen Übermittlungsanspruch hat.

Abschnitt 2

Informationszugang auf Antrag

§ 3 Anspruch auf Zugang zu Umweltinformationen

(1) Jede Person hat nach Maßgabe dieses Gesetzes Anspruch auf freien Zugang zu Umweltinformationen, über die eine informationspflichtige Stelle im Sinne des § 2 Absatz 1 verfügt, ohne ein rechtliches Interesse darlegen zu müssen. Daneben bleiben andere Ansprüche auf Zugang zu Informationen unberührt.

(2) Der Zugang kann durch Auskunftserteilung, Gewährung von Akteneinsicht oder in sonstiger Weise eröffnet werden. Wird eine bestimmte Art des Informationszugangs beantragt, so darf dieser nur aus gewichtigen Gründen auf andere Art eröffnet werden. Als gewichtiger Grund gilt insbesondere ein deutlich höherer Verwaltungsaufwand. Soweit Umweltinformationen der antragstellenden Person bereits auf andere, leicht zugängliche Art, insbe-

sondere durch Verbreitung nach § 10, zur Verfügung stehen, kann die informationspflichtige Stelle die Person auf diese Art des Informationszugangs verweisen.

(3) Soweit ein Anspruch nach Absatz 1 besteht, sind die Umweltinformationen der antragstellenden Person unter Berücksichtigung etwaiger von ihr angegebener Zeitpunkte, spätestens jedoch mit Ablauf der Frist nach Satz 2 Nummer 1 oder Nummer 2 zugänglich zu machen. Die Frist beginnt mit Eingang des Antrags bei der informationspflichtigen Stelle, die über die Informationen verfügt, und endet

1. mit Ablauf eines Monats oder

2. soweit Umweltinformationen derart umfangreich und komplex sind, dass die in Nummer 1 genannte Frist nicht eingehalten werden kann, mit Ablauf von zwei Monaten.

§ 4 Antrag und Verfahren

(1) Umweltinformationen werden von einer informationspflichtigen Stelle auf Antrag zugänglich gemacht.

(2) Der Antrag muss erkennen lassen, zu welchen Umweltinformationen der Zugang gewünscht wird. Ist der Antrag zu unbestimmt, so ist der antragstellenden Person dies innerhalb eines Monats mitzuteilen und Gelegenheit zur Präzisierung des Antrags zu geben. Kommt die antragstellende Person der Aufforderung zur Präzisierung nach, beginnt der Lauf der Frist zur Beantwortung von Anträgen erneut. Die Informationssuchenden sind bei der Stellung und Präzisierung von Anträgen zu unterstützen.

(3) Wird der Antrag bei einer informationspflichtigen Stelle gestellt, die nicht über die Umweltinformationen verfügt, leitet sie den Antrag an die über die begehrten Informationen verfügende Stelle weiter, wenn ihr diese bekannt ist, und unterrichtet die antragstellende Person hierüber. Anstelle der Weiterleitung des Antrags kann sie die an-

tragstellende Person auch auf andere ihr bekannte informationspflichtige Stellen hinweisen, die über die Informationen verfügen.

(4) Wird eine andere als die beantragte Art des Informationszugangs im Sinne von § 3 Absatz 2 eröffnet, ist dies innerhalb der Frist nach § 3 Absatz 3 Satz 2 Nummer 1 unter Angabe der Gründe mitzuteilen.

(5) Über die Geltung der längeren Frist nach § 3 Absatz 3 Satz 2 Nummer 2 ist die antragstellende Person spätestens mit Ablauf der Frist nach § 3 Absatz 3 Satz 2 Nummer 1 unter Angabe der Gründe zu unterrichten.

§ 5 Ablehnung des Antrags

(1) Wird der Antrag ganz oder teilweise nach den §§ 8 und 9 abgelehnt, ist die antragstellende Person innerhalb der Fristen nach § 3 Absatz 3 Satz 2 hierüber zu unterrichten. Eine Ablehnung liegt auch dann vor, wenn nach § 3 Absatz 2 der Informationszugang auf andere Art gewährt oder die antragstellende Person auf eine andere Art des Informationszugangs verwiesen wird. Der antragstellenden Person sind die Gründe für die Ablehnung mitzuteilen; in den Fällen des § 8 Absatz 2 Nummer 4 ist darüber hinaus die Stelle, die das Material vorbereitet, sowie der voraussichtliche Zeitpunkt der Fertigstellung mitzuteilen. § 39 Absatz 2 des Verwaltungsverfahrensgesetzes findet keine Anwendung.

(2) Wenn der Antrag schriftlich gestellt wurde oder die antragstellende Person dies begehrt, erfolgt die Ablehnung in schriftlicher Form. Sie ist auf Verlangen der antragstellenden Person in elektronischer Form mitzuteilen, wenn der Zugang hierfür eröffnet ist.

(3) Liegt ein Ablehnungsgrund nach § 8 oder § 9 vor, sind die hiervon nicht betroffenen Informationen zugänglich zu machen, soweit es möglich ist, die betroffenen Informationen auszusondern.

(4) Die antragstellende Person ist im Falle der vollständigen oder teilweisen Ablehnung eines Antrags auch über die Rechtsschutzmöglichkeiten gegen die Entscheidung sowie darüber zu belehren, bei welcher Stelle und innerhalb welcher Frist um Rechtsschutz nachgesucht werden kann.

§ 6 Rechtsschutz

(1) Für Streitigkeiten nach diesem Gesetz ist der Verwaltungsrechtsweg gegeben.

(2) Gegen die Entscheidung durch eine Stelle der öffentlichen Verwaltung im Sinne des § 2 Absatz 1 Nummer 1 ist ein Widerspruchsverfahren nach den §§ 68 bis 73 der Verwaltungsgerichtsordnung auch dann durchzuführen, wenn die Entscheidung von einer obersten Bundesbehörde getroffen worden ist.

(3) Ist die antragstellende Person der Auffassung, dass eine informationspflichtige Stelle im Sinne des § 2 Absatz 1 Nummer 2 den Antrag nicht vollständig erfüllt hat, kann sie die Entscheidung der informationspflichtigen Stelle nach Absatz 4 überprüfen lassen. Die Überprüfung ist nicht Voraussetzung für die Erhebung der Klage nach Absatz 1. Eine Klage gegen die zuständige Stelle nach § 13 Absatz 1 ist ausgeschlossen.

(4) Der Anspruch auf nochmalige Prüfung ist gegenüber der informationspflichtigen Stelle im Sin-

ne des § 2 Absatz 1 Nummer 2 innerhalb eines Monats, nachdem diese Stelle mitgeteilt hat, dass der Anspruch nicht oder nicht vollständig erfüllt werden kann, schriftlich geltend zu machen. Die informationspflichtige Stelle hat der antragstellenden Person das Ergebnis ihrer nochmaligen Prüfung innerhalb eines Monats zu übermitteln.

(5) Durch Landesgesetz kann für Streitigkeiten um Ansprüche gegen private informationspflichtige Stellen auf Grund von landesrechtlichen Vorschriften über den Zugang zu Umweltinformationen der Verwaltungsrechtsweg vorgesehen werden.

§ 7 Unterstützung des Zugangs zu Umweltinformationen

(1) Die informationspflichtigen Stellen ergreifen Maßnahmen, um den Zugang zu den bei ihnen verfügbaren Umweltinformationen zu erleichtern. Zu diesem Zweck wirken sie darauf hin, dass Umweltinformationen, über die sie verfügen, zunehmend in elektronischen Datenbanken oder in sonstigen Formaten gespeichert werden, die über Mittel der elektronischen Kommunikation abrufbar sind.

(2) Die informationspflichtigen Stellen treffen praktische Vorkehrungen zur Erleichterung des Informationszugangs, beispielsweise durch

1. die Benennung von Auskunftspersonen oder Informationsstellen,

2. die Veröffentlichung von Verzeichnissen über verfügbare Umweltinformationen,

3. die Einrichtung öffentlich zugänglicher Informationsnetze und Datenbanken oder

4. die Veröffentlichung von Informationen über behördliche Zuständigkeiten.

(3) Soweit möglich, gewährleisten die informationspflichtigen Stellen, dass alle Umweltinformationen, die von ihnen oder für sie zusammengestellt werden, auf dem gegenwärtigen Stand, exakt und vergleichbar sind.

Abschnitt 3

Ablehnungsgründe

§ 8 Schutz öffentlicher Belange

(1) Soweit das Bekanntgeben der Informationen nachteilige Auswirkungen hätte auf

1. die internationalen Beziehungen, die Verteidigung oder bedeutsame Schutzgüter der öffentlichen Sicherheit,

2. die Vertraulichkeit der Beratungen von informationspflichtigen Stellen im Sinne des § 2 Absatz 1,

3. die Durchführung eines laufenden Gerichtsverfahrens, den Anspruch einer Person auf ein faires Verfahren oder die Durchführung strafrechtlicher, ordnungswidrigkeitenrechtlicher oder disziplinarrechtlicher Ermittlungen oder

4. den Zustand der Umwelt und ihrer Bestandteile im Sinne des § 2 Absatz 3 Nummer 1 oder Schutzgüter im Sinne des § 2 Absatz 3 Nummer 6,

ist der Antrag abzulehnen, es sei denn, das öffentliche Interesse an der Bekanntgabe überwiegt. Der Zugang zu Umweltinformationen über Emissionen kann nicht unter Berufung auf die in den Nummern 2 und 4 genannten Gründe abgelehnt werden.

(2) Soweit ein Antrag

1. offensichtlich missbräuchlich gestellt wurde,

2. sich auf interne Mitteilungen der informationspflichtigen Stellen im Sinne des § 2 Absatz 1 bezieht,

3. bei einer Stelle, die nicht über die Umweltinformationen verfügt, gestellt wird, sofern er nicht nach § 4 Absatz 3 weitergeleitet werden kann,

4. sich auf die Zugänglichmachung von Material, das gerade vervollständigt wird, noch nicht abgeschlossener Schriftstücke oder noch nicht aufbereiteter Daten bezieht oder

5. zu unbestimmt ist und auf Aufforderung der informationspflichtigen Stelle nach § 4 Absatz 2 nicht innerhalb einer angemessenen Frist präzisiert wird,

ist er abzulehnen, es sei denn, das öffentliche Interesse an der Bekanntgabe überwiegt.

§ 9 Schutz sonstiger Belange

(1) Soweit

1. durch das Bekanntgeben der Informationen personenbezogene Daten offenbart und dadurch Interessen der Betroffenen erheblich beeinträchtigt würden,

2. Rechte am geistigen Eigentum, insbesondere Urheberrechte, durch das Zugänglichmachen von Umweltinformationen verletzt würden oder

3. durch das Bekanntgeben Betriebs- oder Geschäftsgeheimnisse zugänglich gemacht würden oder die Informationen dem Steuergeheimnis oder dem Statistikgeheimnis unterliegen,

ist der Antrag abzulehnen, es sei denn, die Betroffenen haben zugestimmt oder das öffentliche Interesse an der Bekanntgabe überwiegt. Der Zugang zu Umweltinformationen über Emissionen kann nicht unter Berufung auf die in den Nummern 1 und 3 genannten Gründe abgelehnt werden. Vor der Entscheidung über die Offenbarung der durch Satz 1 Nummer 1 bis 3 geschützten Informationen sind die Betroffenen anzuhören. Die informationspflichtige Stelle hat in der Regel von einer Betroffenheit im Sinne des Satzes 1 Nummer 3 auszugehen, soweit übermittelte Informationen als Betriebs- und Geschäftsgeheimnisse gekennzeichnet sind. Soweit die informationspflichtige Stelle dies verlangt, haben mögliche Betroffene im Einzelnen darzulegen, dass ein Betriebs- oder Geschäftsgeheimnis vorliegt.

(2) Umweltinformationen, die private Dritte einer informationspflichtigen Stelle übermittelt haben, ohne rechtlich dazu verpflichtet zu sein oder rechtlich verpflichtet werden zu können, und deren Offenbarung nachteilige Auswirkungen auf die Interessen der Dritten hätte, dürfen ohne deren Einwilligung anderen nicht zugänglich gemacht werden, es sei denn, das öffentliche Interesse an der Bekanntgabe überwiegt. Der Zugang zu Umweltinformationen über Emissionen kann nicht unter Berufung auf die in Satz 1 genannten Gründe abgelehnt werden.

Abschnitt 4

Verbreitung von Umweltinformationen

§ 10 Unterrichtung der Öffentlichkeit

(1) Die informationspflichtigen Stellen unterrichten die Öffentlichkeit in angemessenem Umfang aktiv und systematisch über die Umwelt. In diesem Rahmen verbreiten sie Umweltinformationen, die für ihre Aufgaben von Bedeutung sind und über die sie verfügen.

(2) Zu den zu verbreitenden Umweltinformationen gehören zumindest:

1. der Wortlaut von völkerrechtlichen Verträgen, das von den Organen der Europäischen Gemeinschaften erlassene Gemeinschaftsrecht sowie Rechtsvorschriften von Bund, Ländern oder Kommunen über die Umwelt oder mit Bezug zur Umwelt;

2. politische Konzepte sowie Pläne und Programme mit Bezug zur Umwelt;

3. Berichte über den Stand der Umsetzung von Rechtsvorschriften sowie Konzepten, Plänen und Programmen nach den Nummern 1 und 2, sofern solche Berichte von den jeweiligen informationspflichtigen Stellen in elektronischer Form ausgearbeitet worden sind oder bereitgehalten werden;

4. Daten oder Zusammenfassungen von Daten aus der Überwachung von Tätigkeiten, die sich auf die Umwelt auswirken oder wahrscheinlich auswirken;

5. Zulassungsentscheidungen, die erhebliche Auswirkungen auf die Umwelt haben, und Umweltvereinbarungen sowie

6. zusammenfassende Darstellung und Bewertung der Umweltauswirkungen nach den §§ 11 und 12 des Gesetzes über die Umweltverträglichkeitsprüfung in der Fassung der Bekanntmachung vom 24. Februar 2010 (BGBl. I S. 94), das zuletzt durch Artikel 10 des Gesetzes vom 25. Juli 2013 (BGBl. I S. 2749) geändert worden ist, und Risikobewertun-

gen im Hinblick auf Umweltbestandteile nach § 2 Absatz 3 Nummer 1.

In Fällen des Satzes 1 Nummer 5 und 6 genügt zur Verbreitung die Angabe, wo solche Informationen zugänglich sind oder gefunden werden können. Die veröffentlichten Umweltinformationen werden in angemessenen Abständen aktualisiert.

(3) Die Verbreitung von Umweltinformationen soll in für die Öffentlichkeit verständlicher Darstellung und leicht zugänglichen Formaten erfolgen. Hierzu sollen, soweit vorhanden, elektronische Kommunikationsmittel verwendet werden. Satz 2 gilt nicht für Umweltinformationen, die vor Inkrafttreten dieses Gesetzes angefallen sind, es sei denn, sie liegen bereits in elektronischer Form vor.

(4) Die Anforderungen an die Unterrichtung der Öffentlichkeit nach den Absätzen 1 und 2 können auch dadurch erfüllt werden, dass Verknüpfungen zu Internet-Seiten eingerichtet werden, auf denen die zu verbreitenden Umweltinformationen zu finden sind.

(5) Im Falle einer unmittelbaren Bedrohung der menschlichen Gesundheit oder der Umwelt haben

die informationspflichtigen Stellen sämtliche Informationen, über die sie verfügen und die es der eventuell betroffenen Öffentlichkeit ermöglichen könnten, Maßnahmen zur Abwendung oder Begrenzung von Schäden infolge dieser Bedrohung zu ergreifen, unmittelbar und unverzüglich zu verbreiten; dies gilt unabhängig davon, ob diese Folge menschlicher Tätigkeit oder einer natürlichen Ursache ist. Verfügen mehrere informationspflichtige Stellen über solche Informationen, sollen sie sich bei deren Verbreitung abstimmen.

(6) § 7 Absatz 1 und 3 sowie die §§ 8 und 9 finden entsprechende Anwendung.

(7) Die Wahrnehmung der Aufgaben des § 10 kann auf bestimmte Stellen der öffentlichen Verwaltung oder private Stellen übertragen werden.

§ 11 Umweltzustandsbericht

Die Bundesregierung veröffentlicht regelmäßig im Abstand von nicht mehr als vier Jahren einen Bericht über den Zustand der Umwelt im Bundesgebiet. Hierbei berücksichtigt sie § 10 Absatz 1, 3 und 6. Der Bericht enthält Informationen über die Umweltqualität und vorhandene Umweltbelastungen. Der erste Bericht nach Inkrafttreten dieses Gesetzes ist spätestens am 31. Dezember 2006 zu veröffentlichen.

Abschnitt 5

Schlussvorschriften

§ 12 Gebühren und Auslagen

(1) Für die Übermittlung von Informationen auf Grund dieses Gesetzes werden Gebühren und Auslagen erhoben. Dies gilt nicht für die Erteilung mündlicher und einfacher schriftlicher Auskünfte, die Einsichtnahme in Umweltinformationen vor Ort, Maßnahmen und Vorkehrungen nach § 7 Absatz 1 und 2 sowie die Unterrichtung der Öffentlichkeit nach den §§ 10 und 11.

(2) Die Gebühren sind auch unter Berücksichtigung des Verwaltungsaufwandes so zu bemessen, dass der Informationsanspruch nach § 3 Absatz 1 wirksam in Anspruch genommen werden kann.

(3) Die Bundesregierung wird ermächtigt, für individuell zurechenbare öffentliche Leistungen von informationspflichtigen Stellen die Höhe der Gebühren und Auslagen durch Rechtsverordnung, die

nicht der Zustimmung des Bundesrates bedarf, zu bestimmen. § 9 Absatz 1 und 2 sowie die §§ 10 und 12 des Bundesgebührengesetzes finden keine Anwendung.

(4) Private informationspflichtige Stellen im Sinne des § 2 Absatz 1 Nummer 2 können für die Übermittlung von Informationen nach diesem Gesetz von der antragstellenden Person Gebühren- und Auslagenerstattung entsprechend den Grundsätzen nach den Absätzen 1 und 2 verlangen. Die Höhe der erstattungsfähigen Gebühren und Auslagen bemisst sich nach den in der Rechtsverordnung nach Absatz 3 festgelegten Sätzen für individuell zurechenbare öffentliche Leistungen von informationspflichtigen Stellen des Bundes und der bundesunmittelbaren juristischen Personen des öffentlichen Rechts.

§ 13 Überwachung

(1) Die zuständigen Stellen der öffentlichen Verwaltung, die die Kontrolle im Sinne des § 2 Absatz 2 für den Bund oder eine unter der Aufsicht des Bundes stehende juristische Person des öffentlichen Rechts ausüben, überwachen die Einhaltung dieses Gesetzes durch private informationspflichtige Stellen im Sinne des § 2 Absatz 1 Nummer 2.

(2) Die informationspflichtigen Stellen nach § 2 Absatz 1 Nummer 2 haben den zuständigen Stellen auf Verlangen alle Informationen herauszugeben, die die Stellen zur Wahrnehmung ihrer Aufgaben nach Absatz 1 benötigen.

(3) Die nach Absatz 1 zuständigen Stellen können gegenüber den informationspflichtigen Stellen nach § 2 Absatz 1 Nummer 2 die zur Einhaltung und Durchführung dieses Gesetzes erforderlichen Maßnahmen ergreifen oder Anordnungen treffen.

(4) Die Bundesregierung wird ermächtigt, durch Rechtsverordnung, die nicht der Zustimmung des Bundesrates bedarf, die Aufgaben nach den Ab-

sätzen 1 bis 3 abweichend von Absatz 1 auf andere Stellen der öffentlichen Verwaltung zu übertragen.

§ 14 Ordnungswidrigkeiten

(1) Ordnungswidrig handelt, wer vorsätzlich oder fahrlässig einer vollziehbaren Anordnung nach § 13 Absatz 3 zuwiderhandelt.

(2) Die Ordnungswidrigkeit nach Absatz 1 kann mit einer Geldbuße bis zu zehntausend Euro geahndet werden.

Europarecht

Richtlinie 2003/4/EG

des Europäischen Parlaments und des Rates vom 28. Januar 2003

über den Zugang der Öffentlichkeit zu Umweltinformationen und zur Aufhebung der Richtlinie 90/313/EWG des Rates

DAS EUROPÄISCHE PARLAMENT UND DER RAT DER EUROPÄISCHEN UNION -

gestützt auf den Vertrag zur Gründung der Europäischen Gemeinschaft, insbesondere auf Artikel 175 Absatz 1, auf Vorschlag der Kommission(1),

nach Stellungnahme des Europäischen Wirtschafts- und Sozialausschusses(2),

nach Stellungnahme des Ausschusses der Regionen(3),

gemäß dem Verfahren des Artikels 251 des Vertrags(4),

aufgrund des vom Vermittlungsausschuss am 8. November 2002 gebilligten gemeinsamen Entwurfs,

in Erwägung nachstehender Gründe:

(1) Der erweiterte Zugang der Öffentlichkeit zu umweltbezogenen Informationen und die Verbreitung dieser Informationen tragen dazu bei, das Umweltbewusstsein zu schärfen, einen freien Meinungsaustausch und eine wirksamere Teilnahme der Öffentlichkeit an Entscheidungsverfahren

in Umweltfragen zu ermöglichen und letztendlich so den Umweltschutz zu verbessern.

(2) Die Richtlinie 90/313/EWG des Rates vom 7. Juni 1990 über den freien Zugang zu Informationen über die Umwelt(5) hat durch die Einführung von Maßnahmen zur Ausübung des Rechts auf Zugang der Öffentlichkeit zu Umweltinformationen einen Wandlungsprozess hinsichtlich der Art und Weise, in der Behörden mit Offenheit und Transparenz umgehen, eingeleitet, der ausgebaut und fortgesetzt werden sollte. Die vorliegende Richtlinie erweitert den bisher aufgrund der Richtlinie 90/313/EWG gewährten Zugang.

(3) Nach Artikel 8 der genannten Richtlinie sind die Mitgliedstaaten verpflichtet, der Kommission über ihre Erfahrungen Bericht zu erstatten; auf dieser Grundlage erstellt die Kommission einen Bericht an das Europäische Parlament und den Rat und fügt ihm etwaige Vorschläge zur Änderung der Richtlinie bei, die sie für zweckmäßig hält.

(4) In dem Bericht gemäß Artikel 8 der genannten Richtlinie werden konkrete Probleme bei der praktischen Anwendung der Richtlinie genannt.

(5) Am 25. Juni 1998 unterzeichnete die Europäische Gemeinschaft das Übereinkommen der UN-Wirtschaftskommission für Europa über den Zugang zu Informationen, die Öffentlichkeitsbeteiligung an Entscheidungsverfahren und den Zugang zu Gerichten in Umweltangelegenheiten („Übereinkommen von Aarhus"). Die Bestimmungen des Gemeinschaftsrechts müssen im Hinblick auf den Abschluss des Übereinkommens durch die Europäische Gemeinschaft mit dem Übereinkommen übereinstimmen.

(6) Im Interesse größerer Transparenz ist es zweckmäßig, die Richtlinie 90/313/EWG nicht zu ändern, sondern zu ersetzen. Auf diese Weise wird den Betroffenen ein einheitlicher, klarer und zusammenhängender Rechtstext vorgelegt.

(7) Die Unterschiede der in den Mitgliedstaaten geltenden Vorschriften über den Zugang zu umweltbezogenen Informationen im Besitz der Behörden können in der Gemeinschaft zu einer Ungleichheit hinsichtlich des Zugangs zu solchen Informationen oder hinsichtlich der Wettbewerbsbedingungen führen.

(8) Es muss gewährleistet werden, dass jede natürliche oder juristische Person ohne Geltendmachung eines Interesses ein Recht auf Zugang zu bei Behörden vorhandenen oder für diese bereitgehaltenen Umweltinformationen hat.

(9) Ferner ist es notwendig, dass Behörden Umweltinformationen insbesondere unter Verwendung von Informations- und Kommunikationstechnologien so umfassend wie möglich öffentlich zugänglich machen und verbreiten. Die zukünftige Entwicklung dieser Technologien sollte bei der Berichterstattung über diese Richtlinie und bei ihrer Überprüfung berücksichtigt werden.

(10) Die Bestimmung des Begriffs „Umweltinformationen" sollte dahin gehend präzisiert werden, dass Informationen jeder Form zu folgenden Bereichen erfasst werden: Zustand der Umwelt; Faktoren, Maßnahmen oder Tätigkeiten, die Auswirkungen auf die Umwelt haben oder haben können oder die dem Schutz der Umwelt dienen; Kosten/Nutzen-Analysen und wirtschaftliche Analysen im Rahmen solcher Maßnahmen oder Tätigkeiten; außerdem Informationen über den Zustand der menschlichen Gesundheit und Sicherheit ein-

schließlich der Kontamination der Lebensmittelkette, Lebensbedingungen der Menschen, Kulturstätten und Bauwerke, soweit sie von einem der genannten Aspekte betroffen sind oder betroffen sein können.

(11) Um dem in Artikel 6 des Vertrags festgelegten Grundsatz, wonach die Erfordernisse des Umweltschutzes bei der Festlegung und Durchführung der Gemeinschaftspolitiken und -maßnahmen einzubeziehen sind, Rechnung zu tragen, sollte die Bestimmung des Begriffs „Behörden" so erweitert werden, dass davon Regierungen und andere Stellen der öffentlichen Verwaltung auf nationaler, regionaler oder lokaler Ebene erfasst werden, unabhängig davon, ob sie spezifische Zuständigkeiten für die Umwelt wahrnehmen oder nicht. Die Begriffsbestimmung sollte ebenfalls auf andere Personen oder Stellen ausgedehnt werden, die im Rahmen des einzelstaatlichen Rechts umweltbezogene Aufgaben der öffentlichen Verwaltung erfüllen, sowie auf andere Personen oder Stellen, die unter deren Aufsicht tätig sind und öffentliche Zuständigkeiten im Umweltbereich haben oder entsprechende Aufgaben wahrnehmen.

(12) Umweltinformationen, die materiell von anderen Stellen für Behörden bereitgehalten werden, sollten ebenfalls in den Geltungsbereich dieser Richtlinie fallen.

(13) Umweltinformationen sollten Antragstellern so rasch wie möglich und innerhalb einer angemessenen Frist zugänglich gemacht werden, wobei vom Antragsteller genannte Fristen berücksichtigt werden sollten.

(14) Die Behörden sollten Umweltinformationen in der vom Antragsteller gewünschten Form bzw. dem gewünschten Format zugänglich machen, es sei denn, die Informationen sind bereits in einer anderen Form bzw. einem anderen Format öffentlich zugänglich oder es erscheint sinnvoll, sie in einer anderen Form bzw. einem anderen Format zugänglich zu machen. Ferner sollten die Behörden verpflichtet sein, sich in angemessener Weise darum zu bemühen, dass bei ihnen vorhandene oder für sie bereitgehaltene Umweltinformationen in unmittelbar reproduzierbaren und mit elektronischen Mitteln zugänglichen Formen bzw. Formaten vorliegen.

(15) Die Mitgliedstaaten sollten die praktischen Vorkehrungen treffen, nach denen derartige Informationen wirksam zugänglich gemacht werden. Diese Vorkehrungen stellen sicher, dass die Information wirksam und leicht zugänglich ist und für die Öffentlichkeit zunehmend durch öffentliche Telekommunikationsnetze einschließlich öffentlich zugänglicher Listen der Behörden und Verzeichnisse oder Listen über bei Behörden vorhandene oder für sie bereitgehaltene Umweltinformationen zugänglich wird.

(16) Das Recht auf Information beinhaltet, dass die Bekanntgabe von Informationen die allgemeine Regel sein sollte und dass Behörden befugt sein sollten, Anträge auf Zugang zu Umweltinformationen in bestimmten, genau festgelegten Fällen abzulehnen. Die Gründe für die Verweigerung der Bekanntgabe sollten eng ausgelegt werden, wobei das öffentliche Interesse an der Bekanntgabe gegen das Interesse an der Verweigerung der Bekanntgabe abgewogen werden sollten. Die Gründe für die Verweigerung von Informationen sind dem Antragsteller innerhalb der in dieser Richtlinie festgelegten Frist mitzuteilen.

(17) Behörden sollten Umweltinformationen auszugsweise zugänglich machen, sofern es möglich ist, unter die Ausnahmebestimmungen fallende von anderen gewünschten Informationen zu trennen.

(18) Die Behörden sollten für die Übermittlung von Umweltinformationen eine Gebühr erheben können, die jedoch angemessen sein sollte. Dies beinhaltet, dass die Gebühr grundsätzlich die tatsächlichen Kosten der Anfertigung des betreffenden Materials nicht übersteigen darf. Fälle, in denen eine Vorauszahlung verlangt wird, sollten beschränkt werden. In besonderen Fällen, in denen die Behörden Umweltinformationen zu kommerziellen Zwecken zugänglich machen und in denen dies notwendig ist, um die weitere Sammlung und Veröffentlichung solcher Informationen zu gewährleisten, wird eine marktübliche Gebühr als angemessen angesehen; es kann eine Vorauszahlung verlangt werden. Ein Gebührenverzeichnis sollte zusammen mit Informationen über die Umstände, unter denen eine Gebühr erhoben oder erlassen werden kann, veröffentlicht und den Antragstellern zugänglich gemacht werden.

(19) Antragsteller sollten die Handlungen oder Unterlassungen von Behörden in Bezug auf einen Antrag auf dem Verwaltungs- oder Rechtsweg anfechten können.

(20) Behörden sollten sich darum bemühen sicherzustellen, dass bei einer Zusammenstellung von Umweltinformationen durch sie oder für sie die Informationen verständlich, exakt und vergleichbar sind. Da dies ein wichtiger Faktor für die Bewertung der Qualität der bereitgestellten Information ist, sollte das zur Erhebung der Informationen angewandte Verfahren ebenfalls auf Antrag offen gelegt werden.

(21) Um das allgemeine Umweltbewusstsein zu erhöhen und den Umweltschutz zu verbessern, sollten die Behörden für ihre Aufgaben relevante Umweltinformationen, insbesondere - sofern verfügbar - unter Verwendung von Computer-Telekommunikation und/oder elektronischer Technologien, soweit angemessen zugänglich machen und verbreiten.

(22) Diese Richtlinie sollte alle vier Jahre nach ihrem Inkrafttreten vor dem Hintergrund der gewonne-

nen Erfahrungen und nach Vorlage der entsprechenden Berichte der Mitgliedstaaten bewertet und auf dieser Grundlage überarbeitet werden. Die Kommission sollte dem Europäischen Parlament und dem Rat einen Bewertungsbericht vorlegen.

(23) Da die Ziele dieser Richtlinie auf Ebene der Mitgliedstaaten nicht ausreichend erreicht werden können und daher besser auf Gemeinschaftsebene zu erreichen sind, kann die Gemeinschaft im Einklang mit dem in Artikel 5 des Vertrags niedergelegten Subsidiaritätsprinzip tätig werden. Entsprechend dem Verhältnismäßigkeitsprinzip nach demselben Artikel geht die Richtlinie nicht über das für die Erreichung dieser Ziele erforderliche Maß hinaus.

(24) Die Bestimmungen dieser Richtlinie berühren nicht das Recht der Mitgliedstaaten, Vorschriften beizubehalten oder einzuführen, die der Öffentlichkeit einen breiteren Zugang zu Informationen gestatten, als in dieser Richtlinie vorgesehen -

HABEN FOLGENDE RICHTLINIE ERLASSEN:

Artikel 1

Ziele

Mit dieser Richtlinie werden folgende Ziele verfolgt:

a) die Gewährleistung des Rechts auf Zugang zu Umweltinformationen, die bei Behörden vorhanden sind oder für sie bereitgehalten werden, und die Festlegung der grundlegenden Voraussetzungen und praktischer Vorkehrungen für die Ausübung dieses Rechts sowie

b) die Sicherstellung, dass Umweltinformationen selbstverständlich zunehmend öffentlich zugänglich gemacht und verbreitet werden, um eine möglichst umfassende und systematische Verfügbarkeit und Verbreitung von Umweltinformationen in der Öffentlichkeit zu erreichen. Dafür wird die Verwendung insbesondere von Computer-Telekommunikation und/oder elektronischen Technologien gefördert, soweit diese verfügbar sind.

Artikel 2

Begriffsbestimmungen

Im Sinne dieser Richtlinie bezeichnet der Ausdruck:

1. «Umweltinformationen» sämtliche Informationen in schriftlicher, visueller, akustischer, elektronischer oder sonstiger materieller Form über

a) den Zustand von Umweltbestandteilen wie Luft und Atmosphäre, Wasser, Boden, Land, Landschaft und natürliche Lebensräume einschließlich Feuchtgebiete, Küsten- und Meeresgebiete, die Artenvielfalt und ihre Bestandteile, einschließlich genetisch veränderter Organismen, sowie die Wechselwirkungen zwischen diesen Bestandteilen,

b) Faktoren wie Stoffe, Energie, Lärm und Strahlung oder Abfall einschließlich radioaktiven Abfalls, Emissionen, Ableitungen oder sonstiges Freisetzen von Stoffen in die Umwelt, die sich auf die unter Buchstabe a) genannten Umweltbestandteile auswirken oder wahrscheinlich auswirken,

c) Maßnahmen (einschließlich Verwaltungsmaßnahmen), wie z. B. Politiken, Gesetze, Pläne und Programme, Umweltvereinbarungen und Tätigkeiten, die sich auf die unter den Buchstaben a) und b) genannten Umweltbestandteile und -faktoren auswirken oder wahrscheinlich auswirken, sowie Maßnahmen oder Tätigkeiten zum Schutz dieser Elemente,

d) Berichte über die Umsetzung des Umweltrechts,

e) Kosten/Nutzen-Analysen und sonstige wirtschaftliche Analysen und Annahmen, die im Rahmen der unter Buchstabe c) genannten Maßnahmen und Tätigkeiten verwendet werden, und

f) den Zustand der menschlichen Gesundheit und Sicherheit gegebenenfalls einschließlich der Kontamination der Lebensmittelkette, Bedingungen für menschliches Leben sowie Kulturstätten und Bauwerke in dem Maße, in dem sie vom Zustand der unter Buchstabe a) genannten Umweltbestandteile oder - durch diese Bestandteile - von den unter den Buchstaben b) und c) aufgeführten Faktoren, Maßnahmen oder Tätigkeiten betroffen sind oder sein können;

2. «Behörde»

a) die Regierung oder eine andere Stelle der öffentlichen Verwaltung, einschließlich öffentlicher beratender Gremien, auf nationaler, regionaler oder lokaler Ebene,

b) natürliche oder juristische Personen, die aufgrund innerstaatlichen Rechts Aufgaben der öffentlichen Verwaltung, einschließlich bestimmter Pflichten, Tätigkeiten oder Dienstleistungen im Zusammenhang mit der Umwelt, wahrnehmen, und

c) natürliche oder juristische Personen, die unter der Kontrolle einer unter Buchstabe a) genannten Stelle oder einer unter Buchstabe b) genannten Person im Zusammenhang mit der Umwelt öffentliche Zuständigkeiten haben, öffentliche Aufgaben wahrnehmen oder öffentliche Dienstleistungen erbringen.

Die Mitgliedstaaten können vorsehen, dass diese Begriffsbestimmung keine Gremien oder Einrichtungen umfasst, soweit sie in gerichtlicher oder gesetzgebender Eigenschaft handeln. Wenn ihre verfassungsmäßigen Bestimmungen zum Zeitpunkt der Annahme dieser Richtlinie kein Überprüfungsverfahren im Sinne von Artikel 6 vorsehen, können die Mitgliedstaaten diese Gremien oder Einrichtungen von dieser Begriffsbestimmung ausnehmen;

3. «bei einer Behörde vorhandene Informationen» Umweltinformationen, die sich in ihrem Besitz befinden und die von dieser Behörde erstellt worden oder bei ihr eingegangen sind;

4. «für eine Behörde bereitgehaltene Informationen» Umweltinformationen, die materiell von einer natürlichen oder juristischen Person für eine Behörde bereitgehalten werden;

5. «Antragsteller» eine natürliche oder juristische Person, die Zugang zu Umweltinformationen beantragt;

6. «Öffentlichkeit» eine oder mehrere natürliche oder juristische Personen und, in Übereinstimmung mit den innerstaatlichen Rechtsvorschriften oder der innerstaatlichen Praxis, deren Vereinigungen, Organisationen oder Gruppen.

Artikel 3

Zugang zu Umweltinformationen auf Antrag

(1) Die Mitgliedstaaten gewährleisten, dass Behörden gemäß den Bestimmungen dieser Richtlinie verpflichtet sind, die bei ihnen vorhandenen oder für sie bereitgehaltenen Umweltinformationen allen Antragstellern auf Antrag zugänglich zu machen, ohne dass diese ein Interesse geltend zu machen brauchen.

(2) Umweltinformationen sind dem Antragsteller vorbehaltlich des Artikels 4 und unter Berücksichtigung etwaiger vom Antragsteller angegebener Termine wie folgt zugänglich zu machen:

a) so bald wie möglich, spätestens jedoch innerhalb eines Monats nach Eingang des Antrags bei der Behörde nach Absatz 1 oder

b) innerhalb von zwei Monaten nach Ein-gang des Antrags bei der Behörde, falls die Information derart umfangreich und komplex ist, dass die unter Buchstabe a) genannte einmonatige Frist nicht eingehalten werden kann. In diesem Fall ist dem Antragsteller die Verlängerung der Frist unter Angabe von Gründen so bald wie möglich, in jedem Fall jedoch vor Ablauf der einmonatigen Frist, mitzuteilen.

(3) Ist ein Antrag zu allgemein formuliert, so fordert die Behörde den Antragsteller so bald wie möglich, spätestens jedoch innerhalb der in Absatz 2 Buchstabe a) vorgesehenen Frist, auf, den Antrag zu präzisieren, und unterstützt ihn dabei, indem sie ihn beispielsweise über die Nutzung der in Absatz 5 Buchstabe c) genannten öffentlichen Verzeichnisse unterrichtet. Die Behörden können in Fällen, in denen ihnen dies angemessen erscheint, den Antrag gemäß Artikel 4 Absatz 1 Buchstabe c) ablehnen.

(4) Falls ein Antragsteller eine Behörde ersucht, ihm Umweltinformationen in einer bestimmten Form oder einem bestimmten Format (beispielsweise als Kopie) zugänglich zu machen, so entspricht die Behörde diesem Antrag, es sei denn,

a) die Informationen sind bereits in einer anderen, den Antragstellern leicht zugänglichen Form bzw.

einem anderen, den Antragstellern leicht zugänglichen Format, insbesondere gemäß Artikel 7, öffentlich verfügbar, oder

b) es ist für die Behörde angemessen, die Informationen in einer anderen Form bzw. einem anderen Format zugänglich zu machen; in diesem Fall sind die Gründe für die Wahl dieser anderen Form bzw. dieses anderen Formats anzugeben.

Zur Durchführung dieses Absatzes bemühen sich die Behörden in angemessener Weise darum, dass die bei ihnen vorhandenen oder für sie bereitgehaltenen Umweltinformationen in unmittelbar reproduzierbaren und über Computer-Telekommunikationsnetze oder andere elektronische Mittel zugänglichen Formen oder Formaten vorliegen.

Die Gründe, aus denen es abgelehnt wird, die Informationen auszugsweise oder vollständig in der gewünschten Form oder dem gewünschten Format zugänglich zu machen, sind dem Antragsteller innerhalb der in Absatz 2 Buchstabe a) genannten Frist mitzuteilen.

(5) Zur Durchführung dieses Artikels tragen die Mitgliedstaaten dafür Sorge, dass

a) Beamte verpflichtet werden, die Öffentlichkeit in dem Bemühen um Zugang zu Informationen zu unterstützen,

b) Listen von Behörden öffentlich zugänglich sind und

c) die praktischen Vorkehrungen festgelegt werden, um sicherzustellen, dass das Recht auf Zugang zu Umweltinformationen wirksam ausgeübt werden kann, wie:

– Benennung von Auskunftsbeamten,

– Aufbau und Unterhaltung von Einrichtungen zur Einsichtnahme in die gewünschten Informationen,

– Verzeichnisse oder Listen betreffend Umweltinformationen im Besitz von Behörden oder Informationsstellen mit klaren Angaben, wo solche Informationen zu finden sind. Die Mitgliedstaaten stellen sicher, dass die Behörden die Öffentlichkeit angemessen über die ihr aus dieser Richtlinie erwachsenden Rechte unterrichten und hierzu in angemessenem Umfang Informationen, Orientierung und Beratung bieten.

Artikel 4

Ausnahmen

(1) Die Mitgliedstaaten können vorsehen, dass ein Antrag auf Zugang zu Umweltinformationen in folgenden Fällen abgelehnt wird:

a) Die gewünschte Information ist nicht bei der Behörde, an die der Antrag gerichtet ist, vorhanden und wird auch nicht für diese bereitgehalten. In diesem Fall leitet die Behörde, falls ihr bekannt ist, dass die betreffende Information bei einer anderen Behörde vorhanden ist oder für diese bereitgehalten wird, den Antrag möglichst rasch an diese andere Behörde weiter und setzt den Antragsteller hiervon in Kenntnis oder informiert ihn darüber, bei welcher Behörde er diese Informationen ihres Erachtens beantragen kann.

b) Der Antrag ist offensichtlich missbräuchlich.

c) Der Antrag ist unter Berücksichtigung von Artikel 3 Absatz 3 zu allgemein formuliert.

d) Der Antrag betrifft Material, das gerade vervollständigt wird, oder noch nicht abgeschlossene Schriftstücke oder noch nicht aufbereitete Daten.

e) Der Antrag betrifft interne Mitteilungen, wobei das öffentliche Interesse an einer Bekanntgabe dieser Informationen zu berücksichtigen ist.

Wird die Ablehnung damit begründet, dass der Antrag Material betrifft, das gerade vervollständigt wird, so benennt die Behörde die Stelle, die das Material vorbereitet, sowie den voraussichtlichen Zeitpunkt der Fertigstellung.

(2) Die Mitgliedstaaten können vorsehen, dass ein Antrag auf Zugang zu Umweltinformationen abgelehnt wird, wenn die Bekanntgabe negative Auswirkungen hätte auf:

a) die Vertraulichkeit der Beratungen von Behörden, sofern eine derartige Vertraulichkeit gesetzlich vorgesehen ist;

b) internationale Beziehungen, die öffentliche Sicherheit oder die Landesverteidigung;

c) laufende Gerichtsverfahren, die Möglichkeiten einer Person, ein faires Verfahren zu erhalten, oder die Möglichkeiten einer Behörde, Untersuchungen strafrechtlicher oder disziplinarischer Art durchzuführen;

d) Geschäfts- oder Betriebsgeheimnisse, sofern diese durch einzelstaatliches oder gemeinschaftliches Recht geschützt sind, um berechtigte wirtschaftliche Interessen, einschließlich des öffentlichen Interesses an der Wahrung der Geheimhaltung von statistischen Daten und des Steuergeheimnisses, zu schützen;

e) Rechte an geistigem Eigentum;

f) die Vertraulichkeit personenbezogener Daten und/oder Akten über eine natürliche Person, sofern diese der Bekanntgabe dieser Informationen an die Öffentlichkeit nicht zugestimmt hat und sofern eine derartige Vertraulichkeit nach innerstaatlichem oder gemeinschaftlichem Recht vorgesehen ist;

g) die Interessen oder den Schutz einer Person, die die beantragte Information freiwillig zur Verfügung gestellt hat, ohne dazu gesetzlich verpflichtet zu sein oder verpflichtet werden zu können, es sei denn, dass diese Person der Herausgabe der betreffenden Information zugestimmt hat;

h) den Schutz der Umweltbereiche, auf die sich die Informationen beziehen, wie z. B. die Aufenthaltsorte seltener Tierarten.

Die in den Absätzen 1 und 2 genannten Ablehnungsgründe sind eng auszulegen, wobei im Einzelfall das öffentliche Interesse an der Bekanntgabe zu berücksichtigen ist. In jedem Einzelfall wird das öffentliche Interesse an der Bekanntgabe gegen das Interesse an der Verweigerung der Bekanntgabe abgewogen. Die Mitgliedstaaten dürfen aufgrund des Absatzes 2 Buchstaben a), d), f), g) und h) nicht vorsehen, dass ein Antrag abgelehnt werden kann, wenn er sich auf Informationen über Emissionen in die Umwelt bezieht.

Die Mitgliedstaaten stellen in diesem Rahmen und für die Anwendung der Bestimmung des Buchstaben f) sicher, dass die Anforderungen der Richtlinie 95/46/EG des Europäischen Parlaments und des Rates vom

24. Oktober 1995 zum Schutz natürlicher Personen bei der Verarbeitung personenbezogener Daten und zum freien Datenverkehr(6) eingehalten werden.

(3) Sieht ein Mitgliedstaat Ausnahmen vor, so kann er einen öffentlich zugänglichen Kriterienkatalog erarbeiten, anhand dessen die betreffende Behörde über die Behandlung eines Antrags entscheiden kann.

(4) Bei den Behörden vorhandene oder für diese bereitgehaltene Umweltinformationen, zu denen Zugang beantragt wurde, sind auszugsweise zugänglich zu machen, sofern es möglich ist, unter die Ausnahmebestimmungen von Absatz 1 Buchstaben d) und e) oder Absatz 2 fallende Informationen von den anderen beantragten Informationen zu trennen.

(5) Die Weigerung, beantragte Informationen auszugsweise oder vollständig zugänglich zu machen, ist dem Antragsteller in Schriftform oder auf elektronischem Wege, wenn der Antrag selbst schriftlich gestellt wurde oder wenn der Antragsteller darum ersucht hat, innerhalb der in Artikel 3 Absatz

2 Buchstabe a) oder gegebenenfalls Buchstabe b) genannten Frist mitzuteilen. In der Mitteilung sind die Gründe für die Verweigerung der Information zu nennen, und der Antragsteller ist über das Beschwerdeverfahren nach Artikel 6 zu unterrichten.

Artikel 5

Gebühren

(1) Der Zugang zu öffentlichen Verzeichnis- sen oder Listen, die gemäß Artikel 3 Absatz 5 eingerichtet und geführt werden, und die Einsichtnahme in die beantragten Informationen an Ort und Stelle sind gebührenfrei.

(2) Die Behörden können für die Bereitstellung von Umweltinformationen eine Gebühr erheben, die jedoch eine angemessene Höhe nicht überschreiten darf.

(3) Sofern Gebühren erhoben werden, veröffentlichen die Behörden ein entsprechendes Gebührenverzeichnis sowie Informationen über die Umstände, unter denen eine Gebühr erhoben oder erlassen werden kann, und machen dies den Antragstellern zugänglich.

Artikel 6

Zugang zu den Gerichten

(1) Die Mitgliedstaaten stellen sicher, dass ein Antragsteller, der der Ansicht ist, sein Antrag auf Zugang zu Informationen sei von einer Behörde nicht beachtet, fälschlicherweise (ganz oder teilweise) abgelehnt, unzulänglich beantwortet oder auf andere Weise nicht in Übereinstimmung mit den Artikeln 3, 4 oder 5 bearbeitet worden, Zugang zu einem Verfahren hat, in dessen Rahmen die Handlungen oder Unterlassungen der betreffenden Behörde von dieser oder einer anderen Behörde geprüft oder von einer auf gesetzlicher Grundlage geschaffenen unabhängigen und unparteiischen Stelle auf dem Verwaltungsweg überprüft werden können. Dieses Verfahren muss zügig verlaufen und darf keine oder nur geringe Kosten verursachen.

(2) Ferner stellen die Mitgliedstaaten sicher, dass der Antragsteller neben dem Überprü- fungsverfahren nach Absatz 1 auch Zugang zu einem Überprüfungsverfahren, in dessen Rahmen die Handlungen oder Unterlassungen der Behörde überprüft werden können, und zwar vor einem Gericht oder einer anderen auf gesetzlicher Grundlage geschaffenen unabhängigen und unparteiischen Stelle hat, deren Entscheidungen endgültig sein können. Die Mitgliedstaaten können des Weiteren vorsehen, dass Dritte, die durch die Offenlegung von Informationen belastet werden, ebenfalls Rechtsbehelfe einlegen können.

(3) Nach Absatz 2 getroffene endgültige Entscheidungen sind für die Behörde, die über die Informationen verfügt, verbindlich. Die Entscheidung ist schriftlich zu begründen, zumindest dann, wenn der Zugang zu Informationen nach diesem Artikel abgelehnt wird.

Artikel 7

Verbreitung von Umweltinformationen

(1) Die Mitgliedstaaten ergreifen die notwendigen Maßnahmen, um sicherzustellen, dass Behörden die für ihre Aufgaben relevanten und bei ihnen vorhandenen oder für sie bereitgehaltenen Umweltinformationen aufbereiten, damit eine aktive und systematische Verbreitung in der Öffentlichkeit erfolgen kann, insbesondere unter Verwendung von Computer-Telekommunikation und/oder elektronischen Technologien, soweit diese verfügbar sind.

Die unter Verwendung von Computer-Telekommunikation und/oder elektronischen Technologien zugänglich gemachten Informationen müssen nicht Daten umfassen, die vor Inkrafttreten dieser Richtlinie erhoben wurden, es sei denn, diese Daten sind bereits in elektronischer Form vorhanden.

Die Mitgliedstaaten sorgen dafür, dass Umweltinformationen zunehmend in elektronischen Datenbanken zugänglich gemacht werden, die der Öffentlichkeit über öffentliche Telekommunikationsnetze leicht zugänglich sind.

(2) Die Informationen, die zugänglich zu machen und zu verbreiten sind, werden gegebenenfalls aktualisiert und umfassen zumindest Folgendes:

a) den Wortlaut völkerrechtlicher Verträge, Übereinkünfte und Vereinbarungen sowie gemeinschaftlicher, nationaler, regionaler oder lokaler Rechtsvorschriften über die Umwelt oder mit Bezug zur Umwelt;

b) Politiken, Pläne und Programme mit Bezug zur Umwelt;

c) Berichte über die Fortschritte bei der Umsetzung

der unter Buchstaben a) und b) genannten Punkte, sofern solche Berichte von den Behörden in elektronischer Form ausgearbeitet worden sind oder bereitgehalten werden;

d) Umweltzustandsberichte nach Absatz 3;

e) Daten oder Zusammenfassungen von Daten aus der Überwachung von Tätigkeiten, die sich auf die Umwelt auswirken oder wahrscheinlich auswirken;

f) Genehmigungen, die erhebliche Auswirkungen auf die Umwelt haben, und Umweltvereinbarungen oder einen Hinweis darauf, wo diese Informationen im Rahmen von Artikel 3 beantragt oder gefunden werden können;

g) Umweltverträglichkeitsprüfungen und Risikobewertungen betreffend die in Artikel 2 Nummer 1 Buchstabe a) genannten Umweltbestandteile oder einen Hinweis darauf, wo diese Informationen im Rahmen von Artikel 3 beantragt oder gefunden werden können.

(3) Unbeschadet aller aus dem Gemeinschaftsrecht erwachsenden spezifischen Pflichten zur Bericht-

erstattung ergreifen die Mitgliedstaaten die erforderlichen Maßnahmen, um sicherzustellen, dass in regelmäßigen Abständen von nicht mehr als vier Jahren nationale und gegebenenfalls regionale bzw. lokale Umweltzustandsberichte veröffentlicht werden; diese Berichte müssen Informationen über die Umweltqualität sowie über Umweltbelastungen enthalten.

(4) Unbeschadet aller aus dem Gemeinschaftsrecht erwachsenden spezifischen Verpflichtungen treffen die Mitgliedstaaten die erforderlichen Vorkehrungen, um zu gewährleisten, dass Behörden im Fall einer unmittelbaren Bedrohung der menschlichen Gesundheit oder der Umwelt unabhängig davon, ob diese Folge menschlicher Tätigkeit ist oder eine natürliche Ursache hat, sämtliche ihnen vorliegenden oder für sie bereitgehaltenen Informationen unmittelbar und unverzüglich verbreiten, die es der eventuell betroffenen Öffentlichkeit ermöglichen könnten, Maßnahmen zur Abwendung oder Begrenzung von Schäden infolge dieser Bedrohung zu ergreifen.

(5) Für die Verpflichtungen nach diesem Artikel können die Ausnahmen gemäß Artikel 4 Absätze

1 und 2 Anwendung finden.

(6) Die Mitgliedstaaten können die Anforderungen dieses Artikels erfüllen, indem sie Verknüpfungen zu Internet-Seiten einrichten, auf denen die Informationen zu finden sind.

Artikel 8
Qualität von Umweltinformationen

(1) Soweit möglich, gewährleisten die Mitgliedstaaten, dass alle Informationen, die von ihnen oder für sie zusammengestellt werden, aktuell, exakt und vergleichbar sind.

(2) Auf Antrag beantworten die Behörden Anträge auf Informationen nach Artikel 2 Nummer 1 Buchstabe b), indem sie dem Antragsteller mitteilen, wo – sofern verfügbar – Informationen über die zur Erhebung der Informationen angewandten Messverfahren, einschließlich der Verfahren zur Analyse, Probenahme und Vorbehandlung der Proben, gefunden werden können, oder indem sie auf ein angewandtes standardisiertes Verfahren hinweisen.

Artikel 9

Überprüfungsverfahren

(1) Die Mitgliedstaaten erstatten bis zum 14. Februar 2009 Bericht über die bei der Anwendung der Richtlinie gewonnenen Erfahrungen. Sie übermitteln der Kommission ihren Bericht bis zum 14. August 2009. Spätestens am 14. Februar 2004 übermittelt die Kommission den Mitgliedstaaten ein Dokument, in dem sie den Mitgliedstaaten klare Vorgaben für deren Berichterstattung macht.

(2) Auf der Grundlage der Erfahrungen und unter Berücksichtigung der Entwicklungen im Bereich der Computer-Telekommunikation und/oder der elektronischen Technologien erstellt die Kommission einen Bericht an das Europäische Parlament und den Rat und fügt ihm etwaige Änderungsvorschläge bei.

Artikel 10

Umsetzung

Die Mitgliedstaaten setzen die Rechts- und Verwaltungsvorschriften in Kraft, die erforderlich sind, um dieser Richtlinie bis zum 14. Februar 2005 nachzukommen. Sie setzen die Kommission unverzüglich davon in Kenntnis.

Wenn die Mitgliedstaaten diese Vorschriften erlassen, nehmen sie in den Vorschriften selbst oder durch einen Hinweis bei der amtlichen Veröffentlichung auf diese Richtlinie Bezug. Die Mitgliedstaaten regeln die Einzelheiten der Bezugnahme.

Artikel 11

Aufhebung

Die Richtlinie 90/313/EWG wird zum 14. Februar 2005 aufgehoben.

Bezugnahmen auf die aufgehobene Richtlinie gelten als Bezugnahmen auf die vorliegende Richtlinie und sind nach Maßgabe der Entsprechungstabelle im Anhang zu lesen.

Artikel 12

Inkrafttreten

Diese Richtlinie tritt am Tag ihrer Veröffentlichung im Amtsblatt der Europäischen Union in Kraft.

Artikel 13

Adressaten

Diese Richtlinie ist an alle Mitgliedstaaten gerichtet.

Geschehen zu Brüssel am 28. Januar 2003.

Im Namen des Europäischen Parlaments Der Präsident

P. Cox

Im Namen des Rates Der Präsident

G. Papandreou

(1) ABl. C 337 E vom 28.11.2000, S. 156, und ABl. C 240 E vom 28.8.2001, S. 289.
(2) ABl. C 116 vom 20.4.2001, S. 43.
(3) ABl. C 148 vom 18.5.2001, S. 9.
(4) Stellungnahme des Europäischen Parlaments vom 14. März 2001 (ABl. C 343 vom 5.12.2001,

S.165), Gemeinsamer Standpunkt des Rates vom 28. Januar 2002 (ABl. C 113 E vom 14.5.2002, S.1) und Beschluss des Europäischen Parlaments vom 30. Mai 2002 (noch nicht im Amtsblatt veröffentlicht).

Literatur

Dörr, Alexander (2015): Informationsansprüche gegenüber dem Staat zuzurechnenden Unternehmen. Kovac.

Reclam, Jürgen Philipp (Red.) (2009): Dokumentation zur 32. wissenschaftlichen Fachtagung der Gesellschaft für Umweltrecht e.V., Leipzig. Berlin: Erich Schmidt.

Epiney, Astrid (2003): Zu den Anforderungen der Aarhus-Konvention an das europäische Gemeinschaftsrecht. In ZUR Sonderheft 2003, S. 176-184.

Habermas, Jürgen (1990): Strukturwandel der Öffentlichkeit. Frankfurt/M.: Suhrkamp.

Hoffmann, Jan (2014): Anmerkung zum Urteil des EuGH vom 18.07.2013 (C-515/11, NVwZ 2013, 1069) - Zum Zugang der Öffentlichkeit zu Umweltinformationen. In: UPR 2014, S. 60-61.

Klein, Daniel R. (2011): Umweltinformation im Völker- und Europarecht : aktive Umweltaufklärung des Staates und Informationszugangsrechte des Bürgers. Tübingen: Mohr Siebeck.

Louis, Hans Walter (2013): Die deutschen Umweltinformationsgesetze zehn Jahre nach der Umsetzung der Aarhus-Konvention durch die Richtlinie 2003/4/EG. In: NuR 2013, S. 77-88.

Martin, Jule (2012): Das Steuerungskonzept der informierten Öffentlichkeit : neue Impulse aus dem Umweltrecht des Mehrebenensystems. Berlin: Duncker & Humblot.

Schlacke, Sabine / Schrader, Christian / Bunge, Thomas (2010): Informationsrechte, Öffentlichkeitsbeteiligung und Rechtsschutz im Umweltrecht. Aarhus-Handbuch. Berlin: Schmidt.

Schomerus, Thomas / Schrader, Christian /Wegener, Bernhard (2002): Umweltinformationsgesetz. Handkommentar. Baden-Baden: Nomos.

Siegel, Thorsten (2012): Europäisierung des Öffentlichen Rechts: Rahmenbedingun- gen und Schnittstellen zwischen dem Europarecht und dem nationalen (Verwaltungs-)Recht. Tübingen: Mohr Siebeck.

Weber, Max (2006): Parlament und Re- gierung im neugeordneten Deutschland. Zur politischen Kritik des Beamtentums und Parteiwesens. In: Weber, Max: Politik und Gesellschaft. Frankfurt/M.: Zweitausend- eins. S. 349-462.

Weichert, Thilo (2003): Informationsfreiheit – eine demokratische Aufgabe. http: ht- tps://www.datenschutzzentrum.de/informationsfreiheit/zfdd-4-03.htm

Wiesinger, Nicola (2012): Innovation im Verwaltungsrecht durch Internationalisierung. Tübingen: Mohr Siebeck.

Ziekow, Jan / Debus, Alfred G. / Musch, Elisabeth (2013): Bewährung und Fortent- wicklung des Informationsfreiheitsrechts; Evaluierung des Informationsfreiheitsgesetzes des Bundes im Auftrag des Deutschen Bundestages. Baden-Baden: Nomos.

Zschiesche, Michael (2015): Öffentlichkeitsbeteiligung in umweltrelevanten Zulassungsverfahren: Status quo und Perspektiven. Berlin: BWV.

Armin König, Jg. 1957, ist Bürgermeister der saarländischen Gemeinde Illingen und promovierter Verwaltungswissenschaftler sowie Dozent an der Fachhochschule für Verwaltung des Saarlandes.

Er war Verbandsvorsteher der gesamtstaatlich repräsentativen Naturschutzgroßvorhaben Illrenaturierung / Natura Ill-Theel und Landschaft der Industriekultur Nord.

Er ist Experte für Kommunikation und Information sowie für lokale und regionale Partizipationsprojekte.

Es ist ein Bürgerrecht, eine Waffe gegen die Geheimhaltungsmanie der deutschen Bürokratie, ein Impuls für eine Neuausrichtung der Verwaltung: das Recht der Bürger auf freien Zugang zu Umweltinformationen. Seit der Aarhus-Konvention, der Europäischen Umweltinformationsrichtlinie, der Verabschiedung des UIG neuer Fassung im Jahr 2004 und der Richtlinie 2003/4/EG ist im Umweltbereich das Ende der Amtsgeheimnisses und des geheimen Herrschaftswissens besiegelt. Das ist ein Paradigmenwechsel in der deutschen Rechtsgeschichte und wird die Verwaltung grundlegend verändern, wenn die Bürgerinnen und Bürger erst einmal ihre Rechte kennen und ausüben. Dieses Buch soll dazu beitragen.

Doch der Weg bis zur Umsetzung dieses Rechtsanspruchs und den «gläsernen Umweltakten» war lang. Und noch immer gibt es Widerstände.